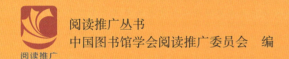

阅读推广丛书

中国图书馆学会阅读推广委员会　编

不能错过的亲子阅读

0—4岁

胡春波　邓咏秋　陆幸幸　主编

国家图书馆出版社

图书在版编目（CIP）数据

不能错过的亲子阅读：0—4 岁 / 胡春波，邓咏秋，陆幸幸主编 . — 北京：国家图书馆出版社，2016.9（2023.10 重印）

（阅读推广丛书）

ISBN 978-7-5013-5921-9

Ⅰ . ①不… Ⅱ . ①胡… ②邓… ③陆… Ⅲ . ①阅读课－学前教育－教学参考资料 Ⅳ . ① G613.2

中国版本图书馆 CIP 数据核字 (2016) 第 203957 号

书　　名	不能错过的亲子阅读：0—4 岁	
著　　者	胡春波　邓咏秋　陆幸幸　主编	
丛 书 名	阅读推广丛书	
责任编辑	邓咏秋　张慧霞	
整体设计	得铭文化＋邢毅	
封面绘画	琳子	

出　　版　国家图书馆出版社（100034　北京市西城区文津街7号）
　　　　　（原书目文献出版社　北京图书馆出版社）

发　　行　010-66114536　66126153　66151313　66175620
　　　　　66121706（传真）　66126156（门市部）

E-mail　nlcpress@nlc. cn（邮购）

Website　www.nlcpress.com →投稿中心

经　　销　新华书店

印　　装　北京金康利印刷有限公司

版　　次　2016 年 9 月第 1 版　2023 年 10 月第 3 次印刷

开　　本　787×1320　1/24

印　　张　8

字　　数　180 千字

书　　号　ISBN 978-7-5013-5921-9

定　　价　45.00 元

爱他，就给他读书吧！

越来越多的家长开始了解亲子阅读、早期阅读的重要性。但是对很多父母来说，亲子阅读是一个全新的领域。它不像一般育儿方法，我们可以从祖父母、父母那里学习。过去的早教强调神童式的精英教育，强调识字，如今的亲子阅读理念却认为，图画书对幼儿没有任何"用途"，不是拿来学习东西的，而是用来感受快乐的（松居直语）。如今这些令人眼花缭乱的儿童绘本，现在的父母在童年时基本上没有读过。

亲子阅读到底应该从什么时候开始？婴儿可以开始亲子阅读吗？怎么给小人儿读书？我的孩子不喜欢读书，怎么办？我太忙没时间给孩子读书，怎么办？有哪些经得起检验的优秀童书可以推荐给我？怎么设计亲子阅读互动游戏与活动？

在我担任馆长的这个图书馆，我们每天接待的读者中有相当一部分是低幼儿童及其父母，他们不断提出上面这些问题。我们希望在普及亲子阅读的正确理念、科学方法上做更进一步的工作。在调查国内外开展的婴幼儿阅读礼包计划后，我们认为这是很有效可行的方法。我们向政府有关部门提议并得到热情回应。于是，从今年起，由政府支持、由图书馆提供专业指导的本地"明州零岁宝贝悦读计划"开始实施。辖区内0—1岁宝宝的家庭可以申请领取阅读礼包。在这个阅读礼包里有一本送给家长的亲子阅读指导书，以及一些送给宝宝的礼品。

本书就是我们为这个婴幼儿阅读礼包编写的亲子阅读指导书，读者对象是4周岁以下孩子的家长。在国家图书馆出版社的支持下，本书得到公开出版，希望能惠及更多的家长。本书在写作过程中，得到了中国图书馆学会阅读推广委员会的大力支持，我们邀请该委员会委员、推荐书目专业委员会副主任邓咏秋与我们共同主编。

我们的主要作者有来自国家图书馆少儿馆、首都图书馆少儿部等从事少儿服务、经验丰富的馆员，他们在书中为家长提供了既有科学依据，又得到实践检验的亲子阅读方法。更为重要的是，他们每天与书和读者打交道，他们推荐的各类优秀童书，能够开阔家长的眼界，使大家少走弯路。这些亲子阅读的指导方法，也值得其他各图书馆的少儿馆员学习。

本书包括 4 章。第 1 章介绍亲子阅读的基本问题，包括作用、开始时间、常见的误区、如何发动妈妈以外的家庭成员给孩子读书等。

第 2 章按年龄细分，1 岁以前每 3 个月为一阶段，1 岁以上每半岁为一阶段，吸收儿童发展心理学的知识，结合每阶段孩子的能力发展（运动、认知、语言、情绪和社会性），给出具体的阅读建议。

在第 3 章"怎样为孩子挑选合适的童书"，一位悠贝亲子图书馆分馆馆长向家长介绍了为孩子选书的一般原则，绘本画家姬炤华则从艺术审美的角度讲述了优秀绘本和低劣绘本在艺术上的区别，然后，三位优秀的少儿图书馆员具体推荐了几类优秀童书：好玩的书、与日常生活有关的童书、与亲情友爱有关的绘本。

第 4 章"亲子阅读的方法和技巧"，不仅总结了亲子阅读的 10 种方法，还介绍了很多好玩的亲子阅读延伸活动、组织宝宝读书会的经验、图书馆低幼故事会的魅力等。

书后附亲子阅读推荐图书 100 种、父母自我成长图书 10 种。

怎么使用这本书？你不用一次把这本书读完，特别是第 2 章是按年龄来写的，你的孩子属于哪个阶段，你就阅读这个阶段的部分。你还可以从第 2 章跳到第 4 章，直接学习亲子阅读的方法，了解怎么设计亲子阅读延伸活动。

为了方便家长立即开启亲子阅读，我们精选了一些童谣全文放在书中，并配有二维码，家长扫码就可以听到有声朗读。还通过二维码的方式，让经验丰富的少儿馆员示范给孩子读书的方法。

我们建议父母尽早给孩子开始亲子阅读。爱他，就给他读书吧。亲子阅读，越早开始越好。但是什么时候开始也不算晚——只要从现在开始就好！

如果你在亲子阅读方面有任何问题和需要，图书馆欢迎你。

宁波市鄞州区图书馆馆长 胡春飞

2016 年 7 月

目 录

第4章 亲子阅读的方法和技巧

目 录

扫一扫

本书配套音视频

第1章 亲子阅读，现在就出发

倪继利／摄

为什么要亲子阅读?

邓咏秋

为人父母,我们爱孩子的心是一样的,都想把最好的东西奉献给孩子。我们可以看到,很多家长在拼命工作为孩子多挣钱,但与此同时,却很少陪伴自己的孩子,更谈不上为孩子读书。既然一切都是为了孩子,那我们更应该站在孩子的角度来思考:孩子最需要什么?需要钱吗?如果让婴幼儿自己挑的话,在他们的世界里,"钱"连前十名也排不上。他们更需要父母的陪伴,需要安全感。帮助孩子爱上阅读就是送给他(她)的最好的礼物,可以让孩子受益终生,让家庭其乐融融。那么,为什么要亲子阅读?至少有以下九个理由。

1 让孩子感受爱,有安全感,幸福指数更高

当 Facebook 的 CEO 扎克伯格与妻子给未满月的女儿读绘本《宝宝的量子物理学》时,他们是在与孩子分享自己对书籍的热爱。对婴儿来说,她是否能读懂量子物理学并不重要,重要的是她很早就开始熟悉父母朗读的声音,感受父母把她抱在怀里的温暖。通过亲子阅读,婴儿和幼儿可以充分感受爱,获得安全感。这样的孩子因为从小得到了更多的情感满足,他将来性格会更开朗乐观,幸福指数更高。

2 能激发孩子的主动语言,丰富孩子的词汇量

给孩子读书、念童谣、唱儿歌,能激发孩子对声音的辨识能力,进而模仿发出声音。对于正在学说话的孩子来说,阅读不同情境的故事,能帮助他们理解词句的含义,并在合适的情境下主动应用语言;对于已经会说话的孩子来说,如果不阅读,孩子每天听到的口语是很有限的,而阅读材料中大量的新鲜词汇,通过不断重复地阅读,能够极大地丰富孩子的词汇量。婴幼儿阶段,孩子的成长发育速度很快,学习能力令人吃惊,可以通过亲子阅读及时为他供应丰富的养料。

3 有助于想象力的发展

优秀的童书是没有国界的。童书中蕴含五彩斑斓的想象,这里的动物会说话,

熊会开车，老鼠当牙医，河马坐在马桶上拉尼尼，还可以品尝月亮的味道……现实世界有的，书中有；现实世界没有的，书中也有。阅读能够帮助孩子发展想象力，而想象力则是将来他的创造力的一个重要源泉。

④ 爱阅读的孩子，将来学业更优秀

1992年，英国伯明翰地区实施了一个名为"阅读起跑线"（Bookstart）的实验项目，给婴儿家庭发放阅读礼包，鼓励父母尽早开始亲子阅读。同时，伯明翰大学的研究团队对受赠儿童进行了持续跟踪调查，研究发现：

◆ 到2岁半时，与普通儿童相比，更多的受赠儿童把看书当作最喜爱的活动；

◆ 5岁时，受赠儿童在入学测试中的语文和数学成绩显著高于普通儿童；

◆ 7岁半时，受赠儿童在考试和老师的主观评价得分两方面，成绩都显著优于普通儿童。

这一研究引起英国全国乃至全世界的关注，现在这个项目不仅升级为英国的全国性项目，更发展为全球性项目，接受其他国家加盟。阅读不仅与语文成绩有关，任何学科的学习都要通过阅读，阅读理解能力影响着我们所有课业的学习效果。想让孩子更优秀的家长们，那就从现在开始亲子阅读吧。

⑤ 帮助孩子探知和了解世界

婴儿来到这个世界，一切对他们来说

▲ 妈妈给兜兜（1岁）读《棕色的熊、棕色的熊，你在看什么？》 兜兜爸／摄

▲ 爸爸妈妈和小卷毛（5个月）亲子共读《这就是好爸爸》　杜桂玲／摄

都是新奇的，他们需要学习。而图书犹如知识的海洋，最能帮助孩子探知未知世界。图书带领婴幼儿接触颜色、数字和图形，了解外部世界，会让城市的孩子看到鸡鸭，让农村的孩子看到红绿灯。图书还可以帮助他们理解家庭角色和社会交往规则。给孩子读一本书，就好比你牵着他的手进入了一个美丽的书中的世界，当他还坐在你的腿上亲子阅读时，他已经"旅行"过很多地方。

6 帮助孩子养成一生爱阅读的习惯，少看电视和玩电脑

很多家长都知道小孩子沉迷电视和电脑游戏不好。那为什么孩子会迷上电视和电脑呢？因为没有更吸引他们的爱好。电视、电脑游戏的声光刺激来得更直接，不需要学习，一看就会。但是阅读却必须要通过学习，婴幼儿没有家长带领进行亲子共读，他们自己是不会阅读的。亲子阅读能帮助孩子养成爱阅读的习惯，等到他们能自主阅读后，再加以呵护和鼓励，这种爱阅读的习惯得到进一步巩固，很容易持续一生。因为他们能从阅读中得到极大的快乐，将来抵御电视、电脑游戏的能力就更强。反之，如果他没有从小养成爱阅读的习惯，他将来就更容易被电视、电脑游戏俘虏。

7 它很好玩，很有趣

亲子阅读是一件很好玩的事，不仅对孩子，对我们家长来说，也是如此。我们与孩子一起读童书，跟着那些"太有才"的作者们天马行空地放飞自己的想象，还做很多好玩的亲子阅读延伸活动。我们跟《蹦！》里各种动物一起蹦，像青蛙一样趴着蹦，像母鸡一样扇动翅膀（双手）蹦；我们带着古利、古拉去旅行；我们一起唱英文儿歌《Finger Family》（手指家庭），同时做手指偶表演；下雪了，我们去图书馆借一本《下雪天》，也到屋外堆一个雪人。更重要的是，我们还有很多共同的暗语。比如她调皮捣蛋的时候，我会说："大卫，不可以！"她马上明白其中的含义。这难道不

好玩吗？

8 有助于建立融洽的亲子关系

如果孩子从小在父母的怀抱中体验亲子阅读，他们会与父母建立起融洽的亲子关系。现在多付出一点爱和时间，将来就少一些矛盾与隔阂。

9 是每个家长都可以付得起的、力所能及的爱

家长的能力和条件各不相同，挣的钱有多有少。但只要你给孩子读书，只要你愿意俯下身子与孩子一起玩，并不需要你咬牙给他买这买那，孩子得到的爱和幸福一分也不会减少，正如美国诗人吉利兰的诗《阅读的妈妈》所说：

你或许拥有无限的财富，
一箱箱的珠宝和一柜柜的黄金。
但你永远不会比我更富有——
我有一位读书给我听的妈妈。

亲子阅读是我们每个家长都可以付得起的、力所能及的爱。所以，从现在起，亲子阅读吧！

亲子阅读，从什么时候开始？

邓咏秋

▲ 爸爸带南良耘（3个月）亲近中国古籍　南江涛／提供

亲子阅读应当从什么时候开始？简单地说，亲子阅读从什么时候开始，都不算太早（越早开始越好）。但是，亲子阅读从什么时候开始，也不算太晚（只要从现在开始就好）。

① 亲子阅读从什么时候开始，都不算太早

婴儿出生以后，亲子阅读就可以开始了。甚至还可以更早，即胎儿期就可以开始亲子阅读。因为已经有科学研究证明对胎儿阅读是有效的。美国北卡罗来纳大学的研究人员曾选取苏斯博士的《戴帽子的猫》的一部分，让一组受试孕妇在胎儿32周到37周时，每天给胎儿读这部分内容，在孩子出生之前和刚出生之后，研究人员又对他们进行测试，结果表明，用同样的声音朗读，婴儿更喜欢听熟悉的这部分内容——没出生的胎儿表现为心跳更加放松，新生儿则在听到熟悉的内容时会改变吸奶的模式。

没错，亲子阅读可以成为胎教的一部分。胎教不一定是让孩子去听机器里放出来的世界名曲。父母用自己的声音，跟肚子里的孩子充满爱意地说话、唱歌，或给他们读书（不论是童书，还是你喜欢的文字），不断重复地读，这就是很自然美好的胎教。

但是本书并不想强调父母在胎儿期就必须给孩子阅读。我们周围最不缺的就是望子成龙心切的父母，我担心他们不恰当地应用，每天为了培养出将来的"神童"而没完没了地给孩子读书，弄得孕妈妈紧张兮兮，那样还不如不读（等出生以后再开始）。毕竟，孕妈妈愉快轻松的情绪更重要。

新生儿的降生，对每个家庭来说，都是一件大事。父母除了准备好奶瓶奶粉、衣帽玩具之外，亲子阅读，你们准备好了吗？也许你没有经验，这时你需要一本写给父母的亲子阅读指南（比如本书），借着这本书的帮助，亲子阅读的许多基本问题就清楚了，包括不同年龄阶段的孩子可以读什么以及怎么读，甚至还收录了一些童谣全文，供你当作实际操练的阅读材料。那么，下一步，你就可以开启你家的亲子

阅读之旅了。新生儿是最好的听众，你可以给他读任何材料（从儿歌童谣到莎士比亚，从体育新闻到量子力学）。他来到这个陌生的新世界，父母熟悉的声音对他来说就是极好的安抚工具。根据婴幼儿不同年龄段的发育特点而设计的亲子阅读指导意见，详见本书第2章。

❷ 亲子阅读就从现在开始，永远不算太晚

亲子阅读，不是一件功利的事，不必有生怕孩子输在起跑线上的紧张。它是自然快乐的生活方式，是游戏，是好玩。亲子阅读的效果不会立竿见影，它是潜移默化的，需要漫长的坚持与实践。错过了前几个月？错过了一两年？不必追悔过去，要着眼的是现在和将来。亲子阅读的习惯当然越早养成越好。如果晚了一些，意味着要付出更多的努力来养成这个新的习惯。更重要的一点是，不能永远在等待将来，现在开始就好！只要我们愿意学习，与孩子共同成长，什么时候开始也不算太晚。

亲子阅读，开始的最佳时刻就是当下！

亲子阅读，不仅仅是妈妈的事

邓咏秋　　王亚宏

▲ 爸爸和欧宝（2岁）共读《有趣的交通工具》
宋辰／提供

说起这个话题，相信很多妈妈会有一肚子话要说。当然，其中少不了抱怨，抱怨爸爸们几乎从不参与或者极少参与亲子阅读，亲子阅读都成了妈妈的事情，爸爸只是抽出一点时间陪孩子玩闹。上海市静安区家庭教育指导中心曾经就亲子阅读状况进行过调查，调查数据也证实了这一点：孩子在家与母亲一起阅读的占55.56%，与父母一起阅读的占27.78%，而与父亲一起阅读的仅占1.39%，父子阅读已经成为亲子阅读的软肋。

事实上，亲子阅读需要全家参与，不仅需要妈妈，还需要爸爸，以及照顾孩子的爷爷奶奶、姥姥姥爷或保姆的共同参与。

为什么爸爸参与亲子阅读很重要？

从孩子的成长教育方面来看，亲子阅读不能由妈妈全部代劳，爸爸在其中所发挥的作用不容小觑，甚至至关重要。

1　爸爸的声音有磁性和穿透力，他们比妈妈说得少，更容易被模仿

爸爸的低音与妈妈的高音比起来，更有穿透力。用这种声音来朗读，能够丰富亲子阅读的体验，吸引孩子的注意。幼儿学习语言时主要靠模仿，可妈妈通常过于唠叨，这种"喋喋不休"的妈妈语有时会超出幼儿模仿的能力。相反，爸爸因为说得相对少，因而更显珍贵，更容易被孩子模仿。所以，爸爸如果给孩子读书，能够帮助孩子掌握更多的词汇和更多元的表达方式。而且爸爸作为男性，其思维方式和语言表达方式与妈妈也有很大不同，对婴幼儿来说，爸爸的参与具有独一无二、不可代替的价值。

② 孩子崇拜爸爸，所以爸爸读书更能帮助孩子爱上阅读

在孩子的眼中，爸爸的形象都是勇敢而伟大的，如果爸爸愿意给孩子阅读，孩子会觉得阅读是件很酷的事，进而很容易跟爸爸一起爱上阅读。

③ 有助于增进父子间亲密的情感

爸爸虽然伟大，但是由于爸爸与孩子相处的时间通常比妈妈少，孩子感到爸爸是有距离的。爸爸参与亲子阅读，把孩子抱在怀里，让他在你的膝盖上起舞，共同分享书里的世界，在这个与孩子交流互动的过程中，父子俩语言的交流，肢体的接触，眼神的沟通，心灵的互动，很自然地让孩子感受到来自爸爸的关爱与温暖，也让爸爸在参与的过程中感受到孩子的天真可爱，享受到平淡生活中简单而深刻的幸

福。父子间在婴幼儿时期建立起的这种良好关系，会奠定将来父子关系的模型，影响孩子的一生。亲子阅读是拉近父子关系，增进父子感情的重要方式。

④ 爸爸参与阅读，有助于把童书里的角色演绎得更全面

童书中的世界无比宽广，不仅有女性的温柔慈爱，也有男性的伟岸坚毅，所以仅仅有妈妈的诠释是不够的。如果爸爸能够参与进来，各种角色才能演绎得更加全面深入，从而帮助孩子感知世界。

怎么让爸爸参与亲子阅读？

爸爸应该如何参与到亲子阅读中来呢？

① 妈妈鼓励，孩子邀请

最开始，需要妈妈多给予一些鼓励，比如与爸爸多分享孩子在亲子阅读中的进步。孩子在阅读时不仅仅是一个听众，他们也有很多积极、有意思的反馈。及时分享，爸爸也会感到自豪，当妈妈鼓励时，他也就有兴趣参与其中。当孩子可以说话表达后，也可以发动孩子去邀请，而孩子的邀请总是难以拒绝。比如：孩子经常在读完一本书后要求"再来一遍"，这时妈妈可

以声称"我口水都读干了，让爸爸给你读吧"，孩子就会去拉爸爸。爸爸看到孩子这么喜欢阅读，心里高兴还来不及呢，一定会欣然接力为孩子读书。

❷ 准备好适合爸爸朗读的书：以爸爸为主角的绘本

以爸爸为主角的绘本，很适合爸爸读给孩子听。比如《我爸爸》《爸爸，我要月亮》《我爸爸超厉害》《熊爸爸打怪物》《团圆》等。爸爸的朗读很好地演绎了爸爸的角色，一边享受着孩子仰慕的眼神，一边读着"这是我爸爸，他真的很棒！我爸爸什么都不怕，连坏蛋大野狼都不怕""我爸爸超厉害"这样的语言，爸爸也会感觉更自信，感觉到被需要、被崇拜的幸福，这种感觉真是太美妙了，还有什么理由不继续为孩子朗读更多的图书呢？所以，抱怨爸爸不给孩子读书的妈妈，如果你能走到这一步，就成功了一半。接下来，家里的每一本书其实都适合爸爸朗读。

❸ 不管爸爸读得怎么样，妈妈都要多给予鼓励和欣赏

妈妈善于阐发演绎，可能一页纸能讲解出很多内容来，而且妈妈给孩子读得多，可能技术是比爸爸强一些。所以，很多妈妈听到爸爸读书时，就会不自觉地跳出来发表批评意见，或者讲"你应该怎么讲""你怎么读这么快呢"。我们告诫妈妈：不要这么做！如果想让爸爸更多地参与，最好的办法就是鼓励和支持，在旁边静静地欣赏，克制我们指手画脚的欲望。为孩子读书，不要一味地去比技巧。如果比发音，我们比不过播音员，如果比教育技巧，我们比不过语文老师，但是在亲子阅读方面，我们是孩子最好的朗读者。妈妈有妈妈的方法，爸爸有爸爸的方法。如果我们换个欣赏的角度，是不是会发现爸爸朗读时语言更简练幽默、动作更搞笑呢。在孩子熟悉一本书的内容后，有些爸爸会在朗读时，故意读错几个字，等着孩子去纠正。这其实是一种很好的亲子阅读办法。爸爸与妈妈一定是各有所长。不能按妈妈的标准去要求爸爸。一本书不是只读一次就好，需要共读许多次，等到妈妈读时，你再按自己的方法朗读吧。

❹ 间接参与亲子阅读

对于那些没有足够的时间参与亲子阅

读的爸爸，那就间接参与吧。比如，在难得的休假时间，可以抽出一小段时间带孩子去趟图书馆，或者逛个书店，成为孩子的书友；或者，在出差回家的时候，给孩子带本喜欢的书作为礼物；还可以，在与孩子闲聊的时候，问问孩子最近和妈妈都读了些什么书，成为孩子的忠实听友；等等。这些都是爸爸们间接参与亲子阅读的好方式。

其实，父子阅读很简单，不需要什么复杂的技巧，只要有爱就够了，重要的是热情和投入。和孩子一起读书的时候，心无旁骛，把所有的心思和精力都投入到你眼前的孩子和书中，和孩子一起读书，一起玩耍，一起分享美好的故事，让孩子感受到父亲的爱，这就足够了。

其他照料人怎么参与亲子阅读？

在现代家庭中，绝大多数孩子在工作日都是由照料人——爷爷奶奶、姥姥姥爷或者保姆带着的，父母亲只有在下班后和周末才能够陪陪孩子，亲子阅读的时间有限，那么平时，孩子想读书了，怎么办？让爷爷奶奶、姥姥姥爷或者保姆给读吧。

在为孩子读书方面，很多家长都不放

心让祖父母或者保姆去做。一是怕他们教育理念陈旧，文化知识有限，读不好反而给孩子成长带来不利影响；二是怕他们为孩子读书时会带有浓重的方言，不利于孩子普通话的培养。

其实，关于这两点，父母们大可不必太担心。亲子阅读主要包括两个方面：读什么书？怎么读？

▲ 姥姥与琪琪（1岁9个月）共读一本触摸书
倪继利／摄

在第一个方面，你买回家、借回家的书肯定都是适合孩子读的，这些书都可以让他们读给孩子听。在实践中，我们发现祖父母和保姆这些年纪较大的人很喜欢给孩子朗读童谣（可以多买几本），因为这些阅读材料是他们熟悉的，朗朗上口。孩子一岁半以后，基本上就可以表达阅读喜好了，那时，也可以鼓励他们按孩子的请求而朗读。

第二个方面，怎么读？妈妈可以只给最简单的要求，照着书读就好。即使照料人偶尔读几个别字，也不要紧。文字是抽象、冰冷的，它背后的含义才是丰富、伟大的。朗读者的语音是否标准并不重要，他们朗读时的情感，给孩子的爱，难道不是更加重要的吗？孩子通过听这些朗读的声音，看着图画，进入一个丰富的书里的世界，这是多么伟大而美妙的一种体验啊。当然，在必要时，妈妈爸爸可以与照料人在亲子阅读上做适当的沟通，比如不要指着文字读，不要用成人的观点去对孩子说教或盲目指责。但是一定要多欣赏和鼓励，

要站在对方角度考虑，不要打击他们亲子阅读的积极性。

关于方言，方言是一种文化遗产，对孩子来说并无害处，反而有益。在语言环境复杂的家庭中，孩子自然地习得三四种语言也是正常的。方言的学习不会影响他学习家庭里更通用的语言（如普通话）。孩子模仿能力强，你越不让他模仿，他越要模仿逗得你大惊小怪。在轻松的家庭环境中，他们跟随爱他们的照料人自然地习得方言，多掌握了一门语言，这是一件多么好的事呀。而且，有些童谣本身就是由方言遗传下来的，用方言来读会更有趣味，更加受到孩子的喜欢。所以，不要再阻止祖父母们或保姆给孩子读书，或许将来的某一天，这种夹杂方言的儿时朗读将成为孩子们最美好的回忆之一。

当双职工的父母辛苦上了一天班回来，发现孩子和照料人在沙发上读书，睡前，妈妈再给孩子读书时，发现孩子已经学会了好多自己没教过的内容，这是多么美妙的一件事啊！

▲ 晴晴（1岁6个月）在阅读　车晓芳／提供

错误的亲子阅读和正确的亲子阅读

邓咏秋　薄丽

　　关于亲子阅读，家长会有各种各样的理解与做法，当然其中也充斥着形形色色的"误区"。为了澄清"什么是正确的亲子阅读"，我们不妨列举一下时下常见的错误做法，通过分析，我们再请出正确的做法，让反方和正方逐一做个对比。接下来，我们相信家长会更加清楚努力的方向。

① 指读识字 VS 重视读图

　　有不少家长是指着图画书上的字，一边读一边教孩子认字的。至少很多家长在纠结于要不要指读识字。阅读不等于认字。亲子阅读的主要目的是让孩子获得美妙的阅读体验，帮助孩子养成爱阅读的习惯。对于婴幼儿来说，形象的画面（不是抽象的文字）是他们认识世界的主要手段。这些字他们迟早会认识。但认字认得多的人，不一定爱阅读。阅读量有限的人，是因为他不识字吗？我的孩子比别的孩子多认识几个字，除了能带给家长一份虚荣，没有更多意义。反而是阅读一本书带给孩子的丰富体验，远远超过多认识几个字。

与指读识字相对的正确做法是：尊重低幼孩子的发育特点，自然地为孩子朗读文字，需要时可以用食指在图画上指点、圈划，帮助孩子观察、认识图画书上的细节。等到孩子将来对文字感兴趣，主动想学习的时候，再教他们认字也不迟。

2 用音、视频替代人声 VS 即使操着方言也要给孩子读书

有些家长（不仅包括爸爸妈妈，还包括作为照料人的爷爷奶奶、保姆）认为自己的普通话不好或不会讲故事，放弃陪孩子亲子共读，完全用音频故事、动画片代替亲子阅读，希望孩子因此学习到更标准的语言，听到更精彩的故事。这种用音、视频替换人声的亲子阅读是违反婴幼儿学习语言和阅读的发展规律的。婴幼儿需要多听人的声音，机器的声音（比如儿歌、故事等）只能是一种辅助，过度播放对孩子来说无异于噪声。人无法跟着电视、声音播放器学会说话。

亲子阅读的一个重要特点是充分的交流互动，并不是一个读，另一个听。亲子之间在共同阅读时会有很多的交流互动，这些是机器不能替代的。此外，方言阅读也会让故事更生动有趣，不影响亲子共读的效果，也不影响孩子将来学习标准的普通话。方言也是一种文化的根基，孩子学习能力很强，在混合的语言环境中，他们会很自然地学习方言并模仿，家长应该为之高兴，会方言的孩子多一种文化的根。

与过于相信音视频相对的正确做法是：即使操着方言也要给孩子读书，音视频只是亲子阅读的一种辅助手段。

3 不相信自己，交给早教机构 VS 亲自开展，自己就是孩子的早教老师

在中国当前的教育实践背景下，社会上各种急功近利的"早教""英语早教"商业宣传热闹非凡，充满诱惑，让很多家长感觉越发不自信，认为不扔点钱去尝试一把，便会让自己的孩子输在起跑线上。在陪孩子去早教机构上昂贵的课程后，孩子学会了几首唐诗或几个简单的英语单词，家长迅速地看到了效果，愈发相信早教机构"老师专业"，认为这就是正确的早期阅读教育。

对于婴幼儿来说，最让他们感觉自在的成长环境是在家庭中，最让他们依恋的是父母。父母就是孩子最早、最重要的老师。父母的见识、判断力在孩子成长的各个关口都起着极为重要的作用。为了让孩子更优秀，我们就要不断学习做更优秀的父母，这不是花钱就能解决的问题。仅靠社会上的"阅读提高班"，可能有一时的"速效"，但不可能培养出真正爱阅读的孩子。阅读所能给予孩子的效果恰恰不是速效的，不要指望读了一本书就对他产生多么大的效果，但是在亲子共读了许多书、孩子养成爱阅读的习惯后，他可以走得很

▲ 妈妈与佑佑（3岁半）共读《不一样的卡梅拉》 范羽乔 / 提供

远很远。如果把亲子阅读的任务一味地交给早教机构，爸爸妈妈置身事外，浪费了朝夕相处的宝贵的亲子阅读的时光，那就得不偿失了。

所以，正确的做法是：在陪伴孩子的时候，时时都可以亲子阅读。父母的角色不可能花钱雇人来帮我们做。我们自己就是孩子的早教老师，亲子阅读的朗读者。但是不可否认，在亲子阅读和教育孩子的路

上，我们需要不停地学习和反省。父母就是孩子的一面镜子，他们会自然不自然地模仿我们。家有爱阅读的家长，孩子更容易爱上阅读，并形成良好的阅读习惯。即使是以前没有阅读习惯的家长，完全可以借着亲子阅读，与孩子一起从零开始，迷上阅读，共同成长。

4 只买不读的亲子阅读 VS 给孩子读书的亲子阅读

经常有家长会说："我给孩子买了很多书，可我的孩子就是不爱读书。"我们一点也不怀疑现在的家长很舍得为孩子花钱。特别是遇上图书打折活动时，很多家长会把价格不菲的大套丛书搬回家。但重要的问题是，一些家长下班回来后，只是把孩子当玩具一样逗弄一下，就各自忙碌，或者低头看手机，或者玩电脑游戏，或者沉迷于电视连续剧。总之，就是不跟孩子一起读书。把一堆书丢给孩子，指望年幼的孩子自己爱上阅读，这是不可能的。就像那些难或复杂的玩具一样，如果家长不带孩子一起玩，孩子不会，当然也就不能体会其中的乐趣，自然不会爱上这种玩具。读书也是一样的道理。

正确的做法是：带着一颗愿意陪伴孩子的心，为孩子读书，同时我们自己也沉下心来，被这些书感动，爱上阅读，这样我们给孩子读书时，才会自然地把我们对

◄ 妈妈与阳仔（1 岁）共读《婴儿游戏绘本·洗澡啦！》
杜桂玲／摄

书中角色的爱、对阅读的爱传递给孩子。

⑤ 攀比性的亲子阅读 VS 尊重孩子的亲子阅读

如果怀着一颗功利的心来开展亲子阅读，家长很容易拿自己的孩子跟别人的孩子去攀比：张三的孩子读了 10 本书，我们要读 12 本书。李四的孩子跟我们一样大，已经能读文字更多更难的某本书了，所以非要让自己的孩子也读那本书。这种攀比，不注重尊重孩子的兴趣和发展上的差异，把亲子阅读变成比赛，会给自己和孩子太多压力，不能真正享受阅读带来的快乐。

幼儿有一个特点，他们经常喜欢反复阅读同一本书，这是他们学习的方式。如果剥夺他们反复阅读同一本书的请求，非要塞给他一本新书，以便在读书数量上超过别的孩子，是无意义的。因为人生最初的几年，对于他今后漫长的一生来说，是无比短的，即使这时多读了几本书，也不代表什么。如果不注重阅读兴趣的培养，他很难走得更远。

正确的做法是：亲子阅读要尊重孩子，不要太计较读书量和读书的难易程度。在读什么方面，充分考虑孩子的兴趣和发展特点，为他们选择合适的读物，还要根据孩子的反馈及时进行调整。在孩子能表达之后，可以鼓励他自己挑选要读的书。在他需要时，反复为他读同一本书。我们还得承认：家长喜欢的书，孩子不一定喜欢。一本家长看起来很简单的书，也许会带给孩子无尽的快乐。如果我们对孩子多一些尊重和欣赏，亲子阅读可以做得更好，也让我们自己收获更多。

⑥ 标准答案式的阅读讨论 VS 平等交流式的阅读讨论

当孩子稍大一点之后，阅读讨论便成为亲子阅读中重要的一个环节。有些家长把亲子阅读当成上课，一副高高在上的老师的姿态，在读一本书后总是用成人的道德标准对孩子进行道理归纳，或在讨论中急于灌输标准答案，比如："这本书告诉我们一个什么道理？""尿床很丢人，羞羞羞，以后不能尿床了，知道了吗？"标准答案会限制孩子思维的多样性。在阅读讨论中，我们应该注重引导孩子做力所能及的思考，鼓励孩子拓展想象力，发表独立见解，培养批判精神……这些都是标准答案式的阅读讨论做不到的。

正确的做法是：亲子阅读时，与孩子展开平等的交流，多从孩子的角度去欣赏这些童书。那些有关尿床的书，会让孩子感觉亲切，因为他们都会尿床，这是儿童发育路上的必经阶段，如果用成人标准来灌输尿床可耻、丢人，会让孩子对阅读产生焦虑，失去阅读的乐趣。大人向孩子提问，要避免预设标准答案，应有一定的开放性，比如"这本书里面，你最喜欢谁呢？喜欢爸爸，还是××？为什么呢？"或者引导孩子来续编故事，让孩子总有话可说，从而发展孩子的想象力和表达能力。久而久之，孩子讨论交流的能力会不断提升，很多见解会让我们感动和叹服呢。

7 拔苗助长的亲子阅读 VS 顺应婴幼儿发展特点的亲子阅读

相当一部分家长认为亲子阅读的目的是让孩子学习知识，于是，给孩子选的读物大部分是将来学校考试也许用得上的科普知识类图书、唐诗宋词、英语书等，把亲子阅读变成孩子的课程，学算术、学认字、学拼音、背唐诗、背英语单词、背科普知识……希望孩子早起步早学习，将来出类拔萃。这是拔苗助长的做法，把孩子

过早带入了与其身心发展不相适应的应试教育模式。婴幼儿虽然记忆能力超强，但这一时期也是语言发育的高峰，唐诗宋词多数过于抽象，与生活口语相距较远，不应该成为亲子阅读的主要读物。相比，那些与口语接近的童谣（如"小摇车，悠得高，宝宝、宝宝，快睡觉"）既便于背诵，还便于理解和在生活中运用，是 0—4 岁时期可以更多选择的读物。婴幼儿阶段以发展孩子的观察力和想象力为主，那些以小猫小狗或孩子为主角的故事绘本与单纯介绍知识的科普读物比起来，更能发展他们的同理心，帮助他们感知世界、认识自己。家长不要过于关注孩子在人生的头几年能够掌握哪些知识，如果养成了阅读的兴趣，他将来会拥有主动学习的能力，这与早期被"灌输"了多少知识相比，意义大太多了。

正确的做法是：家长应当顺应婴幼儿发展规律，尊重婴幼儿的能力和兴趣，从而开展亲子阅读，不要把早期阅读变成学校教育的提前。违背儿童发展规律的灌输、"填鸭"，即使起跑线上快了一点，但是过早的不适当的灌输让他们讨厌阅读，上学后主动学习能力不足，在人生的长跑中，

将来很容易被反超。

8 书呆子式的亲子阅读 VS 读书、运动两不误

因为过于重视阅读，有些家长会纵容孩子整天待在家里读书，不出去运动。这种书呆子式的亲子阅读是不恰当的。读万卷书与行万里路是同样重要的事。

正确的方法是：读书、运动两不误。我们不仅要阅读纸质书本，还要阅读"生活"这部大书。读书、运动二者不可偏废。不仅要有聪明的大脑，还要有强健的身体。在阅读了很多与动物有关的书的同时，我们不妨带孩子去动物园看一看吧。在适当地安排亲子阅读的时间之余，应该鼓励孩子多到户外运动，跑跳、攀爬，做各种技巧性的运动，比如滑板车，骑自行车等。旅行能带给孩子的深刻体验也是书本阅读不能替代的。

▲ 佳馨（2 岁）带着书去郊游　倪继利/摄

第2章 不同年龄孩子的发育特点与阅读指导

0—1 岁婴儿的发育特点与阅读指导

殷宏淼

▲ 王乐荷（30天） 王乐荷妈妈 / 提供

阅读是儿童认识世界的重要开端。6 个月婴儿的脑重已达成人的 50%，但大量神经元之间突触的形成还依赖于生活体验和学习。对于像白纸一样的新生儿来说，学习的可塑性极强。所以早期阅读不仅可以促进孩子认知水平和语言的发展，扩展他们的生活经验，帮助他们了解千姿百态的社会与世界，同时，早期阅读也成为联系亲子间的纽带，带给婴幼儿情感上的安全感，增进亲子之间的依恋。下面，将 0—1 岁的婴儿分为 0—3 个月、4—6 个月、7—9 个月、10—12 个月四个阶段，分别根据各阶段婴儿的身心发育特点，提出相应的阅读指导建议。

0—3 个月

发育特点

1 动作发展

刚出生的孩子已经具备吸吮反射、搜寻反射、抓握反射等反射动作，这一系列的反射活动，使得他们先天具有与周围环境交流的本领。到 3 个月时，孩子已经完成仰卧、侧卧、俯卧、抬头动作的发展。

2 认知发展

感知觉是婴儿认知世界的开端。新生儿首先发展的感觉就是触觉，通过手掌（抓握反射）、脚掌（巴宾斯基反射）、吮吸（口腔触觉）等来感知周围。婴儿通过感知觉以及一系列的反射活动与周围环境互动，从而形成内部认知结构，这一认知结构系统随着婴儿经验的积累而逐步完善。

0—3 个月婴儿的视觉聚焦能力还比较差，看东西模糊，注视距离有 20 厘米，对于黑白图案有偏好，这一时期的亲子阅读可多采用黑白卡片。而听觉能力在胎儿时期就已发展，所以对于在怀孕期间经常和宝宝对话的爸爸妈妈来说，孩子一生下来就对父母的声音有感知，当父母为孩子朗读时，孩子会逐渐熟悉家长读书的声音和

韵律，进而产生安全感。

0—3 个月婴儿的大脑发育还不完善，以无意注意占绝对优势，注意力持续时间很短。环境中具有强烈特征的物体才会被儿童注意：如陌生或色彩鲜艳、可移动的物体等。家长可以用色彩对比强烈、图像清晰明显的卡片（如黑白方格和黑白波纹等图形）来吸引孩子的注意力，发展他们的视觉感受力。

3 语言发展

语言不仅是社会交际的工具，也是思维和学习知识的工具。从出生开始，婴儿就表现出对语音的浓厚兴趣，2 个月时，就发出类似元音的"哦，哦"声，3 个月的时候，就可以比较清楚地感知语音、分辨语音。婴儿语言的发展依赖于丰富的语言刺激，从新生儿诞生的第一天起，家长就可以和他们对话，可以为他们读诗唱歌。很多家长可能会有疑问：这么小的孩子能听得懂吗？当然，孩子并不能理解语句的具体含义，但是他们能感受到母语的韵律。

4 情绪和社会性发展

人的基本情绪有四种：快乐、愤怒、悲伤和恐惧。在婴儿阶段，主要表现为：

笑、哭、害怕和焦虑。0—3 个月的婴儿已经有了恐惧的情绪表现，比如，听到巨大的响声会出现惊跳反射。对人脸有极大的热情，会专心致志地注视人的面孔，然后突然笑逐颜开，属于无选择的社会性微笑。

阅读指导

① 图书的选择

◆童谣、儿歌

0—3 个月孩子大部分时间都是在吃奶、睡觉中度过。他们视力比较模糊，不能聚焦于书中的图画，但是听力极好，能够对周围的声音做出反应。这个阶段，我们可以对他们进行听觉式阅读。父母可以为他们读一些韵律柔美的童谣和儿歌，主要以简单的三字童谣为主，对于语言的要求不必过高，但是音韵、节奏上的要求要高一点。婴儿的节奏感与生俱来，这是胎儿期孕育的结果，是母亲和自己的心跳跳动的结果。当我们哄孩子睡觉时，就会轻轻地拍打他，正是在这样有规律的节奏中，孩子觉得熟悉，觉得安全，才会很快安然入睡。孩子是天生的诗人，他们对有韵律的

推荐童谣

小摇车

小摇车，悠得高，
宝宝、宝宝，快睡觉。
小宝睡，盖花被；
小宝哭，打花鼓。

扫码听我读

《小摇车》

小老鼠

小老鼠，上灯台，
偷油吃，下不来。
喵喵喵，猫来了，
叽里咕噜滚下来。

扫码听我读

《小老鼠》

语言有天生的偏爱，父母在这一阶段为孩子读童谣、唱儿歌，是很好的亲子阅读开启方式。

◆ 黑白卡片

0—3 个月的宝宝已经对黑白色有了认知，所以这个时候，可以给他们看一些色彩对比强烈、图像清晰、轮廓分明、线条清晰的黑白色卡，这种具备强烈对比色的黑白卡不仅可以提高宝宝的视觉感受力，在大脑里建立起丰富的视觉回路，也能促进其智力的发展。但时间不宜过长，一方面孩子注意力持续时间短，另一方面长时间看图也会刺激宝宝幼嫩的双眼。

② 阅读的方式

这一时期婴儿阅读能力的发展建立在倾听的基础上，父母要为孩子创造良好的听读环境。0—3 个月婴儿大部分时间在睡觉，家长可以在宝宝清醒、心情高兴的时候给他们读童谣和儿歌。可以边读边给予他们抚摸：动动小手，揉揉屁股。比如，《打开伞》(亲子游戏动动儿歌) 里的《小馒头》，非常适合在为宝宝换完尿布或洗完澡时跟他玩：

捏一捏，揉一揉，

（宝宝俯卧，家长两手在宝宝身上揉捏）

做了两个小馒头，

（揉揉宝宝的小屁股）

蚂蚁爬过来咬一口！

（食指、中指顺着宝宝身体，"走"过来捏捏宝宝的小屁股）

孩子一边听着富有节奏的歌谣，一边感受到父母温柔的肢体抚触，这是多么亲密美好的体验呀。

4—6 个月

发育特点

① 动作发展

婴儿 4 个月时扶着髋部能坐立，5 个月时扶腋下可站立，6 个月时能翻身，独自坐立更稳定、持久。这个阶段家长就可以怀抱着婴儿一起阅读了。4—6 个月的婴儿已经可以主动抓握物体，能将玩具从一手递交另一手。家长可以准备一些圆角、安全的书来供孩子抓握和啃咬，这时书的角色就是玩具。

② 认知发展

婴儿 4—6 个月已经有追视（追着移动的物体看）、定视（盯着感兴趣的物体看）。听到声音会主动去找声源，并能通过音调的高低来协调身体运动，听到自己的名字有反应。同时注意范围扩大，喜欢注意母亲，注意喜欢的食物或玩具，看到色彩鲜艳的图像，能安静地注视片刻。这个阶段可以为婴儿提供一些色彩鲜艳的认知书。

③ 语言发展

婴儿从第 4 个月开始，发声器官逐渐成熟，开始咿咿呀呀学语，出现类似的早期发音："ba-ba""da-da"。当母亲面对婴儿亲切地说着、笑着、和婴儿交谈时，他会紧盯着母亲的脸，似乎能懂得母亲发出的爱意，并咿咿呀呀地给予回应。

④ 情绪和社会性发展

婴儿逐渐分化出快乐、悲伤和好奇情绪。当恐惧时，会哇哇大哭，看到新奇的物体，会好奇地瞪着眼睛追视，喜欢对熟悉的人微笑，通过微笑或叫声吸引别人的注意力。开始认生，只愿意亲近自己平时经常接触的人。对于母亲高兴、不高兴的表情已经能做出分辨。

阅读指导

① 图书的选择

◆ 彩色卡片和拉拉书

这一阶段的婴儿已经对黑白色的图画不太感兴趣，偏向颜色鲜艳的图画，尤其

是喜欢波长较长的暖色调，最喜欢红色。这一阶段，可以为孩子提供彩色的色卡或拉拉书。这些

图片不要过于复杂，要颜色鲜艳，图形简单，一页一个主题，适合家长给宝宝指认，一边让孩子看，一边告诉孩子图画的名称。

◆布书、塑胶书

4个月以后，宝宝有了主动抓握的意识，6个月的宝宝已经可以坐立一会儿了，并且双手可以握物，这时就可以让宝宝手持书了。书的形态主要是布书和塑胶书（洗澡书），这些书对他们来说就是玩具，比如在婴儿洗澡的时候，就可以把洗澡书拿出来供他玩耍，一方面避免婴儿在洗澡过程中哭闹，另一方面也顺便发展了简单的认知功能，如《乔比洗澡书》系列。在挑选图书时，我们一方面要注重书的卫生与安全，要无毒、不掉色、无异味，适合宝宝撕扯、啃咬；另一方面也要保证书的趣味性，如一些布书会附带各种物品，如玩偶、摇铃、魔术贴等，这些物品都会给孩子带来新奇的体验，吸引他们通过各种感官来获取经验。

宝宝手持书时常见的一个现象就是咬书、撕书，这一现象大致会持续到1岁半左右，这是让家长很头疼的问题。是否因为宝宝咬书就不让他亲自持书？当然不能。这个阶段的孩子处于弗洛伊德所说的"口唇

▲ 钱之齐（5个半月）在阅读挖洞纸板书《猜猜我是谁？》刘静／提供

期"——通过吸吮、触咬获得生理上的快感，他们把可以接触到的一切东西都放进嘴巴里，包括自己的手和脚。这个时候家长不要大惊小怪，我们一方面要保证为孩子挑选的塑胶书、布书经得起孩子咬、撕、拉、扔，另一方面要保证书的安全，定期为书消毒，避免细菌侵入宝宝体内。

◆童谣、儿歌

这一阶段，父母可以继续为孩子读童谣，同时可以让童谣成为亲子间的互动游戏。如《飞呀飞》：

27

飞呀飞，飞到天上看蝴蝶；

飞呀飞，飞到怀里乖乖睡。

在读前一句的时候，家长把孩子放在自己的腿上，小腿抬高，上下晃动，读第二句的时候，把孩子抱到胸前拍一拍。

儿歌童谣可以一直伴随宝宝的成长，儿童对韵律有着天生的敏感，尤其是那些句式重复、动听，有响亮象声词的歌谣，即使这些歌谣是父母随口凑成的。儿童文学作家郑春华在孩子六七个月大时，每天用奶瓶喂奶时都给孩子读自创的"歌谣"："一只小猫——喵喵，一只小狗——汪汪。"有一次，她读完"小猫"，没有接着往下说，结果本来一直在吸奶嘴的婴儿停止了吮吸，眼睛往上搜寻，好像在找什么，妈妈一下子反应过来，赶紧说出"喵喵"，宝宝这才心满意足地继续吃奶。后来，读到"一只小狗——"，妈妈故意停下，宝宝又停止吃奶，直到妈妈说出"汪汪"，才心满意足地继续吃奶。这表明这一时期的婴儿已经对这些歌谣有记忆、期待和呼应了。

2 阅读的方式

◆抱着宝宝共同阅读

这个年龄段的宝宝已经可以坐着和父母进行共同的亲子阅读了。家长可以把孩子环抱在怀里，和他一起阅读。根据埃里克森的发展理论，一岁以前孩子正处于信任对不信任的危机阶段，发展的主要任务是获得安全感。孩子依偎着父母读书，能让孩子感到安全、愉悦，这期间父母还要不时给予孩子以拥抱、抚摸，可以使孩子对其产生信任，建立良好的亲子关系。

◆把阅读和婴儿自身经验建立联系

家长可以从婴儿的自身经验出发，引导他们认识书中的物品，可以多带宝宝去大自然中，看看美丽的植物、奔跑的小动物，宝宝看到什么，就告诉他对应的名称，帮助婴儿找到图画在现实中的对应物，一方面视觉和听觉达到共同训练，另一方面，宝宝学到的东西和自己的生活经验联系了起来。

另外，可以增加图书和婴儿之间的互动，这个年龄段的孩子喜欢注视人脸，对熟悉的事物有视觉偏好，所以在为宝宝读书时，可以选择专门为婴儿设计的能够放上照片的书，这些照片可以是宝宝，也可以是熟悉的家人，这样宝宝或宝宝熟悉的人就成为了书的一部分。还有一些面具书，在眼睛的位置做了镂空磨切，如施政廷的《好吃，真好吃！》，宝宝戴在脸上，就分别成为了老鼠、兔子、奶牛、大熊和猫咪，搭配上书中的童谣，不仅加深了宝宝对动物的认识，也增加了表演的乐趣。

扫码听我读

《顶牛》

▲ 芒果（100 天）与妈妈一起看书　胡耀飞 / 提供

推荐童谣

笑一笑

摸摸小胖手，

宝宝咯咯笑。

摸摸小脚丫，

宝宝哈哈笑。

摸摸小脸蛋，

宝宝嘻嘻笑。

顶牛

顶，顶大头，

爸爸是大牛。

顶，顶小头，

宝宝是小牛。

大头顶小头，

大牛顶小牛。

以上二首摘自王玲著《亲子早读儿歌·游戏儿歌》

7—9 个月

发育特点

① 动作发展

婴儿大约 7 个月的时候出现最早的自主位移动作——爬行，爬行能力的发展大大增加了婴儿感知、接触、探索外界的机会。婴儿对于书不再是被动地接受和抚摸，而是会用手指出书中自己喜欢的图片，还喜欢探索书中的机关，这抓抓，那挠挠。

② 认知发展

7—9 个月婴儿视觉集中稳定，能看清微小的东西和距离 3—3.5 米的物体。能够辨别物体大小、形状和移动的速度。听觉定位更加精确，用眼睛寻找发声物体，能够分辨人说话的语气。

此阶段婴儿开始对色彩鲜明、能响动的东西产生稳定的注意，选择性注意受到知识和经验的支配，对新异事物产生探索性的行为。因此这一时期如果提供触摸书、洞洞书和手偶书，他们会很喜欢。

③ 语言发展

在成人的不断刺激下，婴儿咿咿呀呀学语已趋于成熟口语的语音，某些词很像"ba-ba"（爸爸）、"ma-ma"（妈妈）和"ge-ge"（哥哥），当成人引逗时，能发出更多的音。能够懂得简单的词和家人称呼，语言理解能力有所提高。

④ 情绪和社会性发展

开始出现分离焦虑和陌生人焦虑（怕生），看不到妈妈会哭，并主动向父母寻求安慰。会通过哭闹向妈妈抗议，在陌生人面前捂住自己的脸掩饰害羞。

阅读指导

① 图书的选择

◆ 具备玩具化特征的书——洞洞书、触摸书、布书和指偶书

手被称为第二个大脑，手的活动越多，大脑活动也越活跃。这一阶段宝宝的双手动作更加精细，注意力更加集中，对新奇事物产生探索的欲望。家长可以为宝宝准

◀ 祺祺（6 个多月）和爸爸在阅读　祺祺妈妈／提供

备一些洞洞书、触摸书和指偶书，上个阶段的布书可以拿来继续阅读。宝宝看这些书的时候，已经不是被动地看和听，而是可以主动探索，小手可以抠一抠，挠一挠，新奇的体验会让他们兴奋不已。比如：《奇妙洞洞书》用好多好玩的洞洞激发婴儿用小手戳戳；读《彼得兔指偶书》，宝宝把手指伸进洞里，则每页的彼得兔都动了起来；在《亮丽精美触摸书》系列中，孩子可以摸到毛茸茸的小水獭，光滑的小鸟羽毛和滑溜溜的鱼鳞……有的书里装了按钮，一按就会发出声响。这种真实的触感，可以带给宝宝最直观的认知体验，不但满足了宝宝的好奇心，也扩展了感觉经验。

◆纸板书

纸板书（Board Book）是用很厚的纸板制成的书，容易翻阅、不易撕坏，对于1岁以内的小宝宝，在小手肌肉发育并不完善的时候，纸板书是他们可以自己翻阅并锻炼翻页能力的最佳素材。纸板书以认知类居多，涉及衣食住行各个方面。除了认知类纸板书，家长也可以尝试着为孩子读一些简单的纸板图画书，如《幼幼成长图画书》纸板书系列、《小宝宝翻翻书》系列等。

2 阅读的方式

◆鼓励宝宝主动探索

7—9个月的宝宝掌握了爬行这一技能，为积累新的生活经验前进了一大步。这个时候，儿童经验的建立已不仅仅局限于自身，而是扩展到周围可以接触的环境，通过与环境的互动，不断丰富自己的认知。家长不要太过干涉幼儿的自主探索，不要看到孩子把书放嘴里就赶紧阻止，看到孩子拍书、撕书就大声训斥，也不要替孩子来完成他本可以自主探索的事情。基于直观感知和动手操作获得的感受，是儿童智力的主要来源。

◆声情并茂地讲读

　　父母要逐渐学会故事讲读的技巧。不应该简单地读给宝宝，而应该一边指着书里的画面，一边用丰富的情感、生动的语调、夸张的表情描述书中的形象。比如：讲到小狗，可以学小狗叫"汪汪"；讲到小猫就模仿说"喵喵"；讲到小鸟就可以学着小鸟扇扇翅膀；讲到汽车，可以用两手做方向盘的动作左右转动，或膝盖弯曲，模仿汽车在路上跑，同时发出"嘀嘀嘀嘀"的声音。这样的形式不仅可以吸引孩子的注意力，同时也让阅读变得妙趣横生。

推荐童谣

躲猫猫

喵！喵！

躲猫猫，

喵！

猫猫不见了。

喵！喵！

躲猫猫，

喵！

摸到一只小猫。

小脸蛋

小脸蛋，胖嘟嘟，

像苹果，红扑扑。

亲一口，噗！噗！

以上二首摘自舒立华编著《宝贝手指谣》

扫码看手指谣演示

《躲猫猫》

◀ 昶昶（8个月）在阅读卡片　禹彬彬／提供

10—12 个月

发育特点

1 动作发展

这个年龄段的孩子可以独自站立，扶物行走。手眼协调和双手配合能力迅速发展，能捡起小珠子类的小东西，并开始自发地用笔涂鸦。到 1 岁时，他们可以有模有样地看书，喜欢自己翻书，但会出现跳页翻阅的现象。

2 认知发展

本阶段儿童注意时间变长，可以盯着一个物体超过 10 秒。饿了就会看奶瓶，想出去玩就会指向妈妈带他出去玩的背包，并且已经具备"客体永久性"，能够找到隐藏的物体。儿童对物体的细节表示关注，对形状、结构、颜色认知更加全面，能区分简单的几何图形。能够定位两侧的声源，较长时间地聆听一段音乐，开始理解说话人的具体意思。

3 语言发展

婴儿可以用不同音节连续发音，并且出现了音调的变化，很像对成人句子的模仿。成人虽无法辨别确切意思，但能通过音调变化感觉到宝宝说话的意图，这是词和句的萌芽阶段。

4 情绪和社会性发展

儿童的依恋关系基本形成，见到父母会寻求拥抱，对成人表情的理解能力进一步加强。听到赞美会开心，紧张时会吸吮手指。有时会主动地让爸爸妈妈读自己喜欢的书。

阅读指导

1 图书的选择

◆ 情节简单的绘本

宝宝到这个阶段，已经能听懂很多话，并且自己也开始学着说话了。加上注意力时间更持久，认知能力的进一步发展，都为宝宝阅读奠定了基础，家长除了给宝宝看纸板书，还可以看一些故事情节简单的

◀ 乐乐（11个多月）在阅读《蛋宝宝》 伍敏／摄

绘本。绘本要色彩明丽，图像大且清楚，字数要少，每页里主题不要多，复杂的图画会超过儿童认知加工的广度。低幼儿童信息加工的优势通道是视觉，对形象信息敏感，所以给他们的读物不需要太多的文字。比如《东方娃娃家庭文库·婴儿绘本馆》里的《拔呀拔呀拔萝卜》，对这则经典的民间故事父母可以边讲边演，里面的文字简单重复，朗朗上口。

◆ 和生活经验紧密联系的绘本

在内容上，图画书要与宝宝的生活密切相关，比如木村裕一的《婴儿游戏绘本》系列，涵盖了幼儿生活的各个方面：吃饭、睡觉、拉尼尼、洗澡等，立体的翻翻书设计，让宝宝感觉亲切，主动把故事代入到自己身上，反复习得生活经验。

另外，这一阶段的孩子热衷于躲猫猫，因为他们已经具备了"客体永久性"。9个月之前的婴儿认为只有自己看得见、听得见的物体才是存在的，一旦物体从视线中消失，就不存在了。但9个月之后的婴儿，即使事物突然从眼前消失——看不到、听不到，在宝宝大脑中仍有对该事物的内在心理表征，他们会主动寻找消失不见的物体，所以他们热衷于躲猫猫，这个时候，给孩子看《没了，没了，啪——》（小艾和小象系列）就非常不错。

②　**阅读的方式**

◆ 多元互动的亲子阅读模式

家长在为儿童讲故事时，可以围绕故事展开互动。吉姆·崔利斯在《朗读手册》中说："一旦孩子开始对书上的图画和你的声音有所反应，你就可以开始和孩子谈书，而不只是照着念而已。"婴儿虽然有时没办法准确地用言语给予你回应，但是可以用简单的发音和肢体动作来回答，比如讲到小狗，他会"汪汪"，讲到长颈鹿，他会立刻把脖子伸长，这种互动形式会丰富儿童的阅读体验，增加阅读的乐趣。同时家长和孩子亲子共读时，可以增加游戏互动，比如：读《婴儿游戏绘本》里的《藏猫猫》时，可以由妈妈抱着宝宝，爸爸在宝宝左后方说"猫"，然后再跑到右后方说"猫"，这种方式将游戏融入阅读中，不仅使儿童感到快乐，也增进了亲子感情。

◆ 创设温馨、宽松的阅读氛围

家长可以在家里专门开辟一块阅读区域，准备一个小书架，铺上可爱的卡通地毯，将宝宝抱在胸前，为宝宝讲故事，带着孩子一页页翻书，这时宝宝能够体验到亲切感和获得依恋的安全感。此外，固定的阅读时间更能培养宝宝的阅读习惯，特别是睡前为宝宝讲故事，故事讲完，宝宝也睡着了。

需要注意的是，这个阶段宝宝的注意力还非常有限，一旦宝宝注意力不集中，想挣脱家长的怀抱，就不要再强迫他们阅读，以免出现消极情绪，丧失阅读的原有乐趣。

虽然以上对0—1岁婴儿分了四个阶段，但每个孩子个体发展都有差异，家长可以根据孩子身心发展的实际特点来灵活地给予引导。如果孩子很安静，喜欢和你一起看书，不妨每天多看一会，如果孩子看了一会儿就急于挣脱你的怀抱，就不要强制孩子继续看，否则会减弱他们对阅读的兴趣。此外，家长还应当尽量为孩子提供多种多样的书，给孩子更多的选择。很可能他不喜欢这本，会喜欢那本。本书在第3章中介绍了很多不同类型、不同主题的童书。

推荐童谣

小懒猪

小懒猪，胖嘟嘟，

吃饱睡着打呼噜。

呼噜噜，呼噜噜，

呼噜呼噜呼噜噜。

摘自田原编《中国童谣》(中国优秀图画书典藏系列)

小手拍拍

小手拍拍，小手拍拍，

（拍拍双手）

手指伸出来，手指伸出来，

（伸出食指）

眼睛在哪里？眼睛在这里。

（表情夸张，然后指眼睛）

用手指出来，用手指出来。

提示：可以唱。接下来，再把"眼睛"换成鼻子、嘴巴、耳朵。

0—1岁孩子铁定喜欢的10本书

《打开伞》

李紫蓉/文，崔丽君/图，明天出版社。0个月以上

　　这是一本亲子游戏儿歌集，书中附有DVD，有十几个家庭的真实演出。

《中国童谣》

李光迪、金波/文，田原、胡永凯/图，连环画出版社。0个月以上

　　包括四本传统童谣，四本现代童谣。

《脸，脸，各种各样的脸》

（日）柳原良平/文·图，小林、小熊/译，少年儿童出版社。6个月以上

　　本书能帮助婴儿识别各种脸部的情绪变化，促进其社会交往技能的发展。

《喂——哎——》

（日）和歌山静子/文·图，蒲蒲兰/译，连环画出版社。6个月以上

　　一本可以互动的绘本，两个字贯穿全书，伴随着不同角色的生动演绎，带给孩子最初的阅读愉悦。

《婴儿视觉启智绘本》

（日）柏原晃夫/文·图，周梅龙/译，贵州人民出版社。0个月以上

　　这是一套根据婴儿视觉发育特点开发设计的书。黑、白、红色调组成的线条和轮廓，以及眼睛、嘴巴、人脸组成的图形，都能引起宝宝的视觉兴趣。

《快乐的一天》（拉拉布书）

珠海诺亚婴幼儿用品有限公司出品。4个月以上

　　手提包一样的布书，柔软光滑的布料，色彩明丽的图画，让宝宝在动手游戏中享受探寻的乐趣。

《猜猜我是谁？》

（美）尼娜·兰登/编绘，张芳/译，未来出版社。6个月以上

　　这本小小的纸板书，通过镂空的洞洞，让宝宝猜猜下一页是什么（奶牛、猫头鹰、斑马等），最后有一面比较大的方形安全镜子，带给宝宝无限的惊喜。

《蹦！》

（日）松冈达英/文·图，蒲蒲兰/译，二十一世纪出版社。6个月以上

全书只有一个字，故事里的每一个角色都在开心快乐地"蹦"！简单的语言配上动感的图面，是一本能带给宝宝无限快乐的小书。姊妹书有《哇！》。

《小艾和小象》系列

（日）中江嘉男/文，（日）上野纪子/图，蒲蒲兰/译，连环画出版社。9个月以上

这套书由《没了，没了，啪——》《真好吃，真好吃》《胳肢，胳肢》三本组成。故事贴近宝宝生活，不管是捉迷藏、吃好吃的，还是胳肢游戏，都给宝宝带来极大乐趣。

《婴儿游戏绘本》（全10册）

（日）木村裕一/文·图，崔维燕/译，接力出版社。9个月以上

以儿童日常生活为原型，采用藏画和翻翻书的设计，不仅可以让宝宝充分享受阅读和翻页所带来的惊喜，而且还能指导家长与宝宝做互动游戏，拉近亲子间的距离。

此外，本书第3章《好玩的书》中介绍了许多像玩具一样好玩的书，很多都适合婴儿阶段亲子共读。

1—2 岁幼儿的发育特点与阅读指导

陈小凡

▲ 东东（1 岁 6 个月）与妈妈共读《这是谁的宝宝》 苏伟扬／摄

步入 1 周岁之后，一方面，与婴儿期相比，幼儿的体格生长进入缓慢增长期。另一方面，幼儿的动作发展、语言发展、认知发展以及情绪和社会性发展进入了飞速发展期。伴随着活动半径的扩展，幼儿对周围世界的了解大大加强、与身边家人的互动更加频繁与主动。这时，亲子阅读就成为孩子了解世界、与家人互动的一种有效形式。这一阶段的亲子阅读如能遵循并顺应本阶段幼儿发育特点，能收获事半功倍的效果与美妙的亲情体验。下面，将 1—2 岁的幼儿分为 1—1.5 岁、1.5—2 岁两个阶段，希望能结合各个年龄段幼儿的身心发展特点，提出相应的阅读指导建议。

1—1.5 岁

发育特点

① 大运动发展

幼儿平均在 14 个月时能够独立行走，在 18 个月时能掌握小跑的技能。1—1.5 岁幼儿的活动空间得到前所未有的扩展。因此，这时候给孩子搭建一个专属的图书角、提供良好的亲子阅读环境就变得尤为必要了。虽然这个阶段的孩子对搬书的兴趣可能会大于对阅读的兴趣，但是能让孩子随意地从自己的书架上抽出图书，随意翻阅、随意摆放，便已经让孩子体会到阅读最初的乐趣了。

② 精细运动发展

幼儿早在 9—10 个月、最迟在 1 周岁左右能掌握二指（拇指和食指）捏拿物件。进入 1—1.5 岁这个阶段，二指拿捏技能仍需训练与巩固，尤其是二指捏取细小物品的能力。这时，暗藏小折页等细小"机关"的翻翻书在迎合幼儿好奇心的同时，也满足了训练手指小肌肉运动发展的需求。此外，在 12—15 个月期间，大部分幼儿能在成人指导下逐渐学会翻页，从每 2—3 页的跳页翻阅慢慢发展到逐页的翻阅。这时，

纸板书和布书可以作为辅助练习的亲子读物，家长可以在阅读过程中鼓励幼儿协助翻页。

③ 语言发展与阅读需求

研究表明，1—2 岁孩子进入了语言发展的黄金时期。其中，1—1.5 岁幼儿以语言理解和简单语音模仿为主，能理解成人简单的短语（1—2 句），能完成简单的话语重复，掌握的词汇多以名词和动词为主。在 15 个月时，大部分孩子能说出自己的小名和 3—4 种物品的名称，以单音为主；在 18 个月时，50% 以上的孩子能背儿歌中的押韵字。因此，这一阶段的亲子阅读应注意名词、动词词汇量的积累，可适当增加押韵歌谣在亲子阅读中的比重，并在共读过程中加入对话互动的环节。

④ 认知发展

这一阶段幼儿的记忆力与简单的逻辑关系理解力日益增强，仍喜欢用手去探索世界。至 18 个月，大部分幼儿能识别圆、三角和方形三种形状，红、黑、白、黄四种颜色，学会数 1—10，完成简单的物品配对与分类。结合本阶段的幼儿认知水平，家长可以在不同月龄的亲子共读中加入指认

物品的互动与数数环节。

⑤ 情绪和社会性发展

　　1—1.5 岁是幼儿自我意识的萌芽阶段。这一阶段的幼儿对成人简单的行为准则和规范能给予理解并遵从。因此，成人可以在日常生活中逐渐开始培养幼儿良好的生活与卫生习惯，其中也包括受益终身的阅读习惯。此外，本阶段孩子对主要看护人的依恋也尤为突出，分离焦虑现象比较普遍。这时，相应主题的绘本能让习惯养成的过程变得轻松有趣，也能帮助适当缓解幼儿分离焦虑的恐惧。

阅读指导

　　与婴儿相比，本阶段亲子阅读的内容更加丰富，形式更加多样，互动也更为频繁。

① 读什么？

　　本阶段幼儿仍处于用手探索世界的阶段，因此，不同质地的布书与触摸书、带有各式"机关"（如小折页、发音按钮等）的翻翻书与有声读物，还有形状各异的异型书，或洞洞书，都能成功吸引孩子的注意力，增加阅读过程的趣味性，同时促进幼儿认知水平的发展。

▲ 阳仔（1 岁）在翻看《Baby Tractor》
杜桂玲／摄

　　本阶段亲子阅读在主题内容上，较之前更加多元。伴随这一阶段幼儿认知水平、语言理解能力的提高，亲子阅读的内容也愈加丰富多彩。如果 1 岁以前幼儿的读物以图卡认知为主，以情节极简单的故事绘本为辅的话，1—1.5 岁幼儿的亲子阅读可加入更多的绘本故事，在绘本讲读的过程中完成幼儿对物品、图形、颜色等的认知。同时，这一阶段也是幼儿习惯养成的关键时期。结合上述特点，亲子阅读的主题可以包括：

◆四季变化与特点（如《剪纸四季》）

◆动植物特点（如《谁藏起来了》）

◆颜色与形状（如《小玻认颜色》和《小玻认形状》）

◆交通工具（如《我最喜欢车子》）

◆卫生与生活习惯养成（如佐佐木洋子的《小熊宝宝绘本》系列）

◆亲情体验（如《和小鸡球球一起玩》系列中的《我爱妈妈》《一家人真好》）等等。

这一阶段的亲子阅读读物琳琅满目，家长常常有种挑花了眼的感觉。因此，如何科学地从中挑选出真正适合1—1.5岁幼儿的亲子读物，便成为困扰家长的一个难题。

笔者提出以下几点建议：

1. 选择文本结构相对简单的图画书，每页仅有1—2句话，同时书页控制在10页以内。这样的书能将讲述与翻页的速度控制在本阶段幼儿的有效专注时间内。比如：《亲亲小桃子》系列绘本，画面简单、色彩明快，描述的均是宝宝们最熟悉的生活场景（洗澡、睡觉、散步等），符合本阶段幼儿的语言理解水平。

2. 选择语言韵律感强的图书，本阶段幼儿处于语言发展的黄金时期，对语音节奏感强的语句（如《棕色的熊、棕色的熊，你在看什么？》中的重复句式能给孩子带来强烈的语言节奏感），对韵脚平整的童谣和诗歌（如三字歌，语言简单，韵律感强）尤为敏感，有很强的模仿欲望。

3. 选择图画简单、形象鲜明、线条粗而匀的图画书，比如《米菲绘本系列》。

② 讲读技巧

◆语调

1—1.5岁的幼儿已经具备简单的语言模仿能力，因此，家长在讲读过程中可以放下各种包袱，通过语音和语调的变化进行大胆的模仿与角色扮演，如模仿动物的各种叫声等等。模仿得越夸张，模仿得越像，孩子就越是喜欢。同时，夸张的发音示范也能帮助孩子逐渐掌握不同音素的发音方式与技巧，对孩子语言能力发展有帮助。

◆适当的重复与强调

1—1.5 岁是幼儿词汇积累的一个爆发期，这个阶段孩子的词汇结构主要以名词与动词为主，在 18 个月左右，部分孩子能说出简单的短语或句子。因此，在亲子阅读过程中，家长在遇到一个新的名词、动词或是动、名词搭配的时候，可以适当重复强调，必要时可加入身体语言进行解释，通过阅读扩展幼儿的语言储备。

◆忠于原文

通常，优秀读物的文字是作者与译者仔细揣摩与细心提炼而成的。请不要小看一些简单的动词或是逻辑连词。有些家长在讲读过程中，也许考虑到宝宝词汇量有限，所以经常用简单的同义词替换原文，如用"拉"代替"扯"或"推"。然而，"拉"和"扯""推"所表达的动态画面与情感色彩是不一样的。这种细微的区别对处于语言发展初期的幼儿来说，也很重要。又如，"但是"和"只要"这样的连词，如果随意改动，其蕴含的逻辑关系是不同的。因此，在阅读时，尤其是第一次阅读一部作品的时候，请尽量做到忠于原文。当然，由于家长更了解自己的孩子，如果图书上的文

字不便于孩子理解，你也可在忠实于原文的基础上，做一些灵活变动，比如改成孩子懂的词语。但是不要随意频繁地改动。

3 互动形式

增加亲子游戏环节，鼓励孩子加入亲子阅读的互动之中，可以通过以下几种形式：

◆将提问加入阅读互动中

1—1.5 岁的幼儿已经具备了一定的语言理解能力，能对成人的提问与指令予以回应，因此，这个阶段的亲子阅读可以加

入很多有趣的提问互动环节。例如：在《大灰狼娶新娘》的故事中出现大灰狼的新娘露出自己的手、鼻子与牙齿的时候，家长可以模仿故事中的语句问孩子："宝贝，宝贝，让我看看你的牙齿，好吗？"当宝贝露出自己的小白牙后，家长回答："我们宝贝的牙齿白花花的，小小的，和大灰狼新娘的牙齿不一样呀。"通过这样的提问，巩固幼儿对自己身体部位的认知，又能让绘

▲ 妈妈给双胞胎兄弟明达、明远（1岁）读绘本　范玉琳 / 提供

本讲读变得生动有趣。这种提问互动就构成了最早的亲子"对话"。

　　◆让孩子在阅读中享受物品指认的乐趣

　　本阶段幼儿的认知能力已经达到能完成几十种物品指认的水平了。在亲子阅读过程中，可以适当加入物品指认环节，让孩子收获指认成功的喜悦感与成就感。

　　◆鼓励孩子进行语音模仿

　　语音模仿最早可以从对拟声词以及动物叫声的模仿开始，发展到18个月左右，可以鼓励孩子说出押韵语句的韵脚。例如："小宝贝，乖乖睡 / 天上星星在开会"这段简单的故事描述，家长可以先说："小宝贝，乖乖睡 / 天上星星在开——"由孩子说出"会"字。通过一次又一次的"对话"互动，孩子能逐渐感受到语言交流的乐趣。此外，对孩子给予的任何答案，尽量都予以肯定。鼓励与肯定是让孩子爱上阅读的一种方式。

4 阅读中要注意的问题——撕书

在手部小肌肉动作发展尚未健全之前，孩子也许会喜欢撕书。我们应该正确看待这时的撕书行为，不要把它理解为是一种故意为之的破坏行为。撕书是这一阶段孩子手部敏感期（或手指精细运动发育）的一种表现，在特殊情况下，我们甚至可以给孩子提供一些往期的杂志或无用的书本，满足他们"有书可撕"的乐趣。同时，给予孩子正确的引导，如"宝贝，书是用来看的，不可以随便撕的。如果你实在很想撕书，妈妈给你找一些没用的纸张，让你撕一下，好吗？"一旦孩子逐渐理解了书的作用，或是顺利度过了手的敏感期，掌握了手指精细运动的能力，他们就会慢慢爱上翻书，爱上阅读了。

推荐童谣

小白兔

小白兔，白又白，
两只耳朵竖起来。
爱吃萝卜和青菜，
蹦蹦跳跳真可爱。

大头

大头大头，
下雨不愁，
人家有伞，
我有大头。

摇到外婆桥

摇啊摇，摇到外婆桥。
外婆叫我好宝宝。
糖一包，果一包，
还有团子还有糕。

扫码听我读

《大头》

扫码听我读

《摇到外婆家》

1—1.5 岁孩子铁定喜欢的 10 本书

《亲亲小桃子》系列（全10册）

（日）丰田一彦/文·图，周龙梅/译，贵州人民出版社

让宝宝和小桃子一起吃饭、睡觉和洗澡，一起在琐碎却温暖的生活片段中，感受爱与呵护，快乐成长。

《小熊宝宝绘本》系列（全15册）

（日）佐佐木洋子/文·图，蒲蒲兰/译，连环画出版社

这套绘本几乎涵盖了宝宝生活的方方面面：吃饭、穿衣、问好、交友、过生日、上厕所……最简单的故事情节，蕴藏了最丰富的情感，是不容错过的亲子共读作品。

《和小鸡球球一起玩》系列（全6册）

（日）入山智/文·图，崔维燕/译，湖北教育出版社

这套好玩的异型书，包括描绘藏猫猫游戏的立体书、动物认知的洞洞书、行为习惯的翻翻书等，画风清新自然、动物形象活泼可爱、内容贴近宝宝的生活，对小宝宝语言能力、观察力、想象力的培养与发展有帮助。

《棕色的熊、棕色的熊，你在看什么？》

（美）比尔·马丁/文，（美）艾瑞·卡尔/图，李坤珊/译，明天出版社

棕色的熊、红色的鸟、黄色的鸭子等动物形象通过艾瑞·卡尔惯有的拼贴式的图画一一呈现在宝宝面前，帮助宝宝认知。同时，循环式一问一答的句式，产生了极强的韵律感与节奏感，是很棒的早期语言启蒙读物。

《拍拍小兔子》（Pat the Bunny）

（美）Dorothy Kunhardt/文·图，Golden Books（出版）

这是一本经典的互动书，不仅调动了宝宝的视觉，更有触觉、嗅觉、味觉上的奇妙体验。精巧的设计让宝宝乐此不疲地加入游戏互动式阅读中。

《亲爱的动物园》

（英）罗德·坎贝尔/文·图，李树/译，二十一世纪出版社

动物园给宝宝寄来一个宠物，宝宝动手掀开来

看，有高傲的骆驼、凶猛的狮子、吓人的蛇、笨重的大象、高大的长颈鹿，还有……这本巧妙的翻翻书既可以在家读，更可以带去动物园读。

《噗～噗～噗》

（日）谷川俊太郎/文，（日）元永定正/图，（日）猿渡静子/译，南海出版公司

这是一本考验想象力的绘本，没有复杂的情节与文字，只有极简单的线条、图形和拟声词，却讲述了一个有关生命起源的故事。它简单到有些另类，但就是这种简单与纯真，给了孩子巨大的想象空间。

《喝汤喽，擦一擦》

（日）林明子/文·图，小林、小熊/译，少年儿童出版社

宝宝、小老鼠、小兔子、小熊一起喝汤，都把汤撒身上了。当小熊把汤撒到脚丫子上时，你可以挠你家宝宝的脚丫子，"痒痒，痒痒"，大家笑成一团。

《东方娃娃家庭文库·婴儿绘本馆》（第1辑，全9册）

东方娃娃编辑部编，南京师范大学出版社

由东方娃娃编辑部从

其月刊中精选优秀的图画故事集合而成。语言简单反复，符合低幼儿童生理和心理发展特点。故事内容贴近宝宝的日常生活，还能充分发挥宝宝的想象力，如《咔嚓，咔嚓》《兔子兔子爬山喽》等。

《水墨宝宝视觉启蒙绘本》（全4册）

保冬妮/文·图，北京师范大学出版社

这是一套极具中国特色的原创低幼绘本，用中国传统的水墨画手法，展现了点、线、面、图形、图像以及色彩的变化。由黑白到彩色的过渡，能有效地刺激宝宝视神经的发育与视觉能力的发展。

▲ 齐齐（1岁3个月）和爸爸共读一本认知书
朱艺卉/提供

1.5—2 岁
发育特点

1.5—2 岁幼儿在动作、语言、认知以及情绪和社会性的发育维度上与上一阶段的幼儿相似，而在发展水平上有了进一步的提高。具体的发展情况与阅读需求如下。

1 大运动发展

1.5—2 岁幼儿腿脚的大肌肉运动能力进一步提高与巩固，至 2 岁左右，大部分孩子能够扶着栏杆上下楼梯，学会双脚跳。因此，幼儿安全的活动半径也进一步扩大，他们非常享受在户外无拘无束玩耍的自由。这时，家长可以多让孩子接触与大自然相关的绘本与读物，让孩子在阅读中发现大自然，在大自然中寻找阅读的记忆。此外，手脚配合能力有所提高，能伴随音乐的节奏完成手、脚动作的协调与合拍，也能手脚配合，模仿不同动物的走路形态。家长可以结合孩子的兴趣与爱好，在亲子阅读中引入适龄的音乐绘本。

2 精细运动发展

这一阶段幼儿的手眼配合更加协调。一些富有简单故事情节与故事情景的贴贴书能成为训练孩子手眼配合的辅助工具。手部肌肉的发展也体现在对折纸游戏的喜爱上，一些复杂折页的翻翻书和立体书也能吸引孩子的注意力。在亲子阅读中加入手指谣，也是很不错的选择。此外，在 1 岁半左右，幼儿可以在成人指导下使用画笔进行涂鸦，至 22 个月，大部分孩子能掌握点、线、圈的画法。法国绘本大师杜莱的《杜莱百变创意玩具书》系列可以作为本阶段绘画启蒙的亲子读物。

3 语言发展

1.5—2 岁期间，幼儿的语言能力由语言理解与简单模仿阶段发展到语言表达阶段，感受到语言交流的便捷与乐趣。在 18—20 个月，40% 的幼儿能使用"我""你"这样的人称代词，在 20—22 个月，45% 的幼儿能使用"我的"和"你的"这样的所有格代词，能用 3—5 个字的句子或短语表达意思与需求，掌握的词汇不再只是名词与动词，还增加了形容词、副词与代词。在接近两岁时，有些孩子能背 1—2 首儿歌。处于语言爆发期的幼儿喜欢跟大人学舌，喜欢用语言指认各种事物，喜欢儿歌，喜欢读重复熟悉的故事。

4 认知发展

认知发展首先体现在观察力与记忆力的提高上。他们能通过观察发现各种事物的用途，能记住事件发生的先后顺序与日常的生活内容。此外，1.5—2 岁幼儿的思维能力也有所提高，他们对色彩、图形以及不同事物能进行简单的分类。

5 情绪和社会性发展

在情绪方面，1.5—2 岁幼儿对主要抚养人有较强的依恋，与主要抚养人分离仍会表现出较强的分离焦虑。另一方面，这一阶段幼儿的自我意识逐渐增强，表现在喜欢独立完成某些事情；临近 2 岁时，这种早期的自我意识与独立意识开始慢慢形成。结合这一情绪发育特点，家长可在亲子阅读中加入情绪管理和亲情关爱的绘本。在社会性发展上，幼儿与成人以及

▲ 妈妈和小雅（1岁半）在阅读绘本　范羽乔 / 提供

同龄伙伴的互动逐渐增强，人际交往比上一阶段更为主动，愿意参与各种游戏活动中，喜欢帮忙，喜欢参与家务劳动。因此，在亲子阅读中，家长可加入分享与分担主题的读物，培养孩子养成良好的习惯。

阅读指导

本阶段幼儿的阅读主题和内容与 1—1.5 岁幼儿相比有很多相似之处，两个阶段的亲子阅读也有很多可以相互借鉴的技巧与方法。然而，与上一阶段幼儿相比，1.5—2 岁幼儿在阅读过程中的主动参与感和自由选择的意愿更强。因此，亲子阅读除了结合本阶段幼儿的发育特点和阅读特点之外，更要结合幼儿自身的兴趣与爱好。

1 读什么？

在图书类型的选择上，1.5—2 岁幼儿的适宜读物与上一阶段幼儿极为相似。因为 1.5—2 岁仍是幼儿手的敏感期，

主要通过手来探索世界、感知世界，所以翻翻书、洞洞书、触摸书等异型书依然是孩子的心头宝。此外，幼儿的精细运动能力和手眼配合能力进一步提高，家长可以在日常的亲子阅读中加入一些结构复杂的翻翻书和立体书以及一些认知贴纸书，以增加阅读的趣味性和互动性。

在图书内容的选择上，1.5—2 岁幼儿的适宜读物比上一阶段的更为丰富多彩。除了可以延续上一阶段的主题之外，还应该有所延伸与扩展。这一阶段，幼儿的活动空间得到前所未有的扩展，他们非常享受在户外，尤其是在大自然中，舒展自己。

在认知方面，幼儿对颜色、对形状、对线条的敏感度也进一步增强。结合以上特点，亲子阅读可以加入：

◆自然主题图书，如《小种子》《你好，四季》；

◆音乐启蒙类图书，如《约翰·丹佛自然音乐绘本》(包括《阳光照在我肩上》《奶奶的羽毛床》《乡村路带我回家》《致宝贝》《远古的旋律——海豚摇篮曲》)、《米米听民乐》；

◆简单的手指谣等。

与此同时，这一阶段也是培养孩子审美能力的艺术启蒙期，家长可以在日常阅读中加入艺术启蒙类的绘本，如法国童书作家杜莱的《哈！不要搞错！》《艺术大书》。

在情绪方面，1.5—2 岁幼儿的情绪更加复杂多变，他们对主要抚养人有着强烈的依恋与依赖。这个时候，亲情温暖、感情表达的图画故事书就变得非常重要了，如《我妈妈上班去了》，安东尼·布朗的《我爸爸》和《我妈妈》。需要指出的是，对于 1.5—2 岁的幼儿，阅读的范畴可以无限扩大。由于这一阶段的孩子与成人、与社会的接触程度进一步加强，他们的认知水平也进一步提高，家长应该让孩子接触不同题材的读物。

针对 1.5—2 岁幼儿读物选择的一般原则，笔者提出以下几点建议：

◆与 1—1.5 岁幼儿适宜读物相比，本阶段幼儿读物的文字词句可以略微复杂一些，每页有 3—4 句的话语描述，甚至更长一些的文字表达都符合本阶段幼儿的语言理解水平；

◆可以选择有适当情节波动的故事绘

本，简单的起承转合符合本阶段幼儿的逻辑理解能力；

◆选择语言韵律感强的图书，本阶段幼儿依然对语音节奏感强的语句、韵脚平整的童谣和诗歌特别敏感，诗歌与童谣的阅读对幼儿语感的培养、词汇的积累与正确的词语搭配都有很大的帮助。

最重要的一点是，给予孩子自主选择读物的权力，1.5—2 岁幼儿的自我意识逐渐加强，在阅读过程中也能逐渐表现出明显的喜好，只有尊重孩子的兴趣与爱好，才能让孩子真正爱上阅读。

2 怎么读？

对 1.5—2 岁幼儿而言，亲子阅读过程中的讲读技巧和互动形式与上一阶段相似，本文将不再赘述这些共同点。针对本阶段幼儿的发育特点与阅读特点，笔者就亲子阅读的技巧与形式，提出以下几点建议：

◆阅读无处不在

随着大运动能力的提高，本阶段幼儿的活动空间得到前所未有的扩展，他们不愿只待在家中，更愿意走出家门，到空间开阔的游乐场、超市、商场、动物园和公园。因此，阅读也不再只是蜷缩在沙发或阅读角里的亲子活动，更应该成为一种无处不在、随时随地可以进行的亲子交流。一方面，生活场景中的任何图画都可以成为阅读的对象，例如马路旁和商场里的广告牌、公园里的指示牌和导引标示、动物园里的动物简介栏等等。还可以把书上的场景与生活中的相同场景结合起来，活学活用，增加乐趣。另一方面，可以带着图书去旅

▲ 天天（1 岁 9 个月）正在阅读翻翻书《噼里啪啦》
倪继利／摄

行。所谓"读万卷书、行万里路"，这个道理即使在 1.5—2 岁的孩子身上也同样适用。当我们带着孩子去动物园、植物园甚至是博物馆的时候，可以事先准备一到两本相关主题的绘本，在游玩与观赏的过程中与孩子分享，让阅读变得生动形象，让阅读无处不在。

◆与书玩游戏

这一点尤其适用于活泼好动的孩子。有些天生好动的孩子很难安静地坐下来、耐心地听完家长分享一个完整的故事。即使遇到这样的情况，家长也不必垂头丧气，甚至在亲子阅读的道路上半途而废。这时，不妨放弃让孩子静坐下来读书的念头，试着先让他们喜欢与书做游戏，让他们喜欢上图书，进而再喜欢上阅读。例如，家长可以和孩子一起玩"图书捉迷藏"的游戏，把不同主题的图书藏在不同的角落，给孩子提供线索，以找到这些图书。本阶段的幼儿很喜欢这种类似于藏猫猫的小游戏。每当孩子找到一本图书后，家长可以让孩子简单表述图书封面的内容。通常，绘本的封面设计是很讲究的，它最能吸引孩子的注意力。当孩子对图书的封面有了兴趣，

家长再慢慢引导孩子对阅读图书产生兴趣。

◆重复、重复再重复

对于成人而言，重复是寡淡无趣的；对于 1.5—2 岁的幼儿而言，重复是令人愉悦的，尤其是重复自己喜欢的内容。因此，在面对孩子这一需求时，家长要有足够的耐心。在亲子阅读中，重复的内容可以是词汇、故事情节，甚至整篇故事或整本图书；重复的形式可以是被动的，也可以是主动的。被动的重复是家长在孩子要求下复述其着迷的故事情节；主动的重复是家长在适当的场合与时机，引导孩子一起联想和回忆某个特定的故事情节与人物，以帮助孩子巩固某个词汇、某个句型的正确使用，或鼓励孩子养成某种良好的习惯，例如：在为孩子进行如厕训练的过程中，可以重复《小熊宝宝绘本》系列中的《拉尼尼》的情节，与孩子一起回忆上厕所的每个小步骤。

◆适当地演绎

这一阶段的适宜读物中，形容词、动词以及比喻句会愈加频繁地出现。正如亲子阅读推广人粲然女士在其《骑鲸之旅——0—2 岁亲子共读不可不知的神奇魔法》一书中说到的，"当形容词降落在宝宝们的心

田，他们的世界就有颜色了。他们掌握的形容词越多，描绘世界的能力就越强，而他们和世界的关系也就越亲密"。对于陌生的形容词、动词以及比喻句，家长可以通过动作的演绎、具体情境的解释等方式，将其植入幼儿的语言储备和语言结构中。

▲ 郭予诺（1 岁 8 个月）在阅读　张莹／摄

推荐童谣

拉大锯

拉大锯，扯大锯，
姥姥家，唱大戏。
接闺女，请女婿，
小外孙子也要去。
　背着也不去，
　抱着也不去，
叽哩嘎噜滚着去。

扫码听我读

《拉大锯》

扫码听我读

《鸡蛋磕磕》

鸡蛋磕磕

鸡蛋鸡蛋磕磕，
里边坐着格格。
格格出来买菜，
里边坐着奶奶。
奶奶出来烧香，
里边坐着姑娘。
姑娘出来点灯，
烧了鼻子眼睛。

1.5—2 岁孩子铁定喜欢的 10 本书

《一个红苹果》

（日）岩村和朗 / 文·图，彭懿 / 译，接力出版社

一个红苹果在娜娜与小动物们之间牵起了一条友谊的纽带。丰富的拟声词、叠词与重复的语句结构产生了很强的语言节奏感，很容易唤起孩子对阅读的兴趣。

《可爱动物操》

方素珍 / 文，郝洛玟 / 图，河北教育出版社

这是一本可以跳舞的书。富有音乐韵律的歌谣配上生动活泼的图画，使它成为一本趣味性强的亲子互动书。

《好饿的毛毛虫》

（美）艾瑞·卡尔 / 文·图，郑明进 / 译，明天出版社

这本奇妙有趣的洞洞书讲述了毛毛虫成长蜕变的故事。鲜艳的色彩、熟悉的食物、有趣的洞洞，都能吸引孩子参与阅读与游戏，百读不厌。

《晚安，月亮》

（美）玛格丽特·怀兹·布朗 / 文，（美）克雷门·赫德 / 图，阿甲 / 译，北京联合出版公司

小兔子睡前与每一个熟悉的事物道晚安。画面逐渐变暗，一切都归于平静。英文原版文字韵脚更加平整。适合睡前轻声诵读，犹如一曲缓缓流淌的摇篮曲，陪伴孩子甜甜入梦。

《我爸爸》

（英）安东尼·布朗 / 文·图，余治莹 / 译，河北教育出版社

孩子眼中的爸爸是什么样的？英国绘本大师安东尼·布朗用诙谐的画风与幽默的文字刻画了一个穿着格子睡袍的超级爸爸，带给宝宝们对于父亲与父爱最美好的想象。

《抱抱》

（英）杰兹·阿波罗 / 文·图，上谊编辑部 / 译，明天出版社

这是一本接近无字的书（只有"抱抱""妈妈"几个字）。带着孩子一起看图说话吧，这个温馨感人的关于母爱的故事，每个小孩都会喜欢。

《杜莱百变创意玩具书》（全5册）

（法）埃尔维·杜莱/文·图，Panda Panda 童书译文馆、赵佼佼/译，接力出版社

埃尔维·杜莱的作品总是既能读、又能玩，通过精巧的设计与创意，让宝宝们在阅读与游戏中，体会到点、线、面、空间的变化，对想象力、创造力以及审美力的培养都有帮助。

《小蓝和小黄》

（美）李欧·李奥尼/文·图，彭懿/译，明天出版社

美国绘本大师李欧·李奥尼用最简单的形象与颜色，刻画了一对好朋友快乐的日常生活。每个孩子都能从小蓝与小黄身上看到自己和伙伴快乐玩耍的影子。

《好饿的小蛇》

（日）宫西达也/文·图，彭懿/译，二十一世纪出版社

好饿的小蛇扭来扭去在散步，它看见什么都要吃。简单重复的文字，生动夸张的图画，吸引孩子在哈哈大笑中阅读一遍又一遍。

《和甘伯伯去游河》

（英）约翰·伯宁罕/文·图，林良/译，河北教育出版社

小动物们和甘伯伯撑船去游河。后来，大家都忘了上船时承诺要遵守的约定，乱成了一锅粥，船翻了……小朋友总能从各种动物身上，找到自己爱热闹、爱捣蛋的影子，也能从中体会到规矩的意义。

▲ 萱萱（2岁）在阅读《0—4岁幼儿认知小百科》
杜桂玲/摄

2—3 岁幼儿的发育特点与阅读指导

宋 辰

▲ 格格（2岁）在阅读　吴伟／摄

2岁以后，幼儿在生理和心理方面都有了长足的进步，逐渐摆脱了小婴儿的影子。幼儿的走、跑、跳等基本动作日益灵活，能够用语言表达自己的想法，探知欲越来越强。这一时期，对幼儿进行恰当的阅读引导和帮助，能够促进幼儿的身心健康和智力发育，培养良好的性格。下面，将2—3岁的幼儿分为2—2.5岁、2.5—3岁两个阶段，根据各阶段幼儿的身心发展特点，提出相应的阅读指导建议。

2—2.5 岁

发育特点

① 运动能力的发展

2—2.5岁年龄段孩子的运动能力有了较大的发展，能够跑得比较稳了，跑时的动作越来越协调；能够单脚站立约3秒钟，能够双脚跳。孩子的全身运动使得肌肉关节的发育和协调更为完善，特别是手的动作更趋精细，可以灵活运用一些物品，抓握更加细小的东西，还能够搭建积木，转动把手，旋开瓶盖，进行简单的拼图和连续的翻书。

② 语言能力的发展

2—2.5 岁年龄段的孩子，语言能力快速发展，对说话萌生出很大的兴趣。这一阶段的孩子已经掌握了一些基本的语法和词汇，能够用语言与人进行交往，并能够初步用语言表达自己的心情，描述自己的感受。孩子已经开始学会用"你""我"等代词，开始理解形容词、连词等，词汇量稳步增加，可以说完整的短语和简单的句子，能区分书中的图画和文字，喜欢听故事。处于这一阶段的孩子期望与人交流，希望他人对他们的问题做出反应，教会他们更多的词句，与他们一起阅读。

▲ 李承益（2 岁）在阅读挖洞纸板书《交通工具》

倪继利 / 摄

③ 认知能力的发展

这一阶段的孩子神经系统进一步发育，已经能够较长时间集中注意力了，并且机械记忆能力强，对于学过的、看过的东西能够很快记下来，对于新奇的感兴趣的东西更容易记住，但是主要是机械记忆，记忆时间也不长久。本阶段孩子的好奇心大增，对周围的事物或现象萌生出兴趣，爱提问题，获得许多新的感受。这时，孩子可以基于事物的形状、大小、颜色等做出简单的分类；能够感知并且重复一些简单的韵律和歌曲，能够跟着唱歌，在游戏的时候可以用物体或者自己的身体部位代表其他的物体；能够感知物体的软、硬、冷、热等属性；能够感知差异明显的大小、多少、长短、上下等。同时，幼儿对数字的概念越来越强，口头数数一般能数 1—10 或更多，识数（说出数量）方面，能点数到 2—3。

④ 情绪与社会性发展

2 岁左右，孩子的自我意识开始萌芽，其中一个重要的标志是代词"我"的使用。两三岁时期，孩子出现心理发展的"第一反抗期"。这个年龄段孩子的一大特点是喜欢把"不"字挂在嘴边，他们好奇心强，探索活动多，容易兴奋激动，会突然变得不高兴，发脾气或者兴奋，常常拒绝父母要他去做的事，或者父母不让做的事偏要去做。

孩子在这一阶段也会萌发出初步的同情心，有简单的是非观念；乐于参与同伴活动，能玩简单的角色游戏，会相互模仿；逐步开始表达自己的情感，爱表现自己，遇到挫折的时候会发脾气。

阅读指导

2 岁以后的孩子已经进入学习使用词语来说话和思考的时期，他们很喜欢与成人进行对话活动。这个年龄段已经基本上能听懂成人简单的日常用语，并且呈现出多样化的趋势。此时，孩子的词汇量快速积累，每天可以记忆新的单词，可以说一些完整的句子。

本阶段的亲子阅读应紧密结合孩子的发育特点，通过阅读让孩子感受丰富的阅读生活，并帮助家长和孩子解决生活中的问题。在图书的选择上，由于孩子的认知能力有了较大的发展，图书内容的选择应该较之前复杂。可以选择一些故事性强、展现日常生活中情景的图书，让孩子体会到故事情节的有趣。比如《铃木绘本·蒲公英系列》《0—3 岁幼儿生活情景游戏绘本·和我一起玩》等就是不错的选择，在阅读的同时，还可以锻炼孩子的思维，帮助培养好的性格。亲子阅读的过程中，家长可以结合动作、语调、情感的变化，加深孩子对故事的理解力。

随着认知能力和自我意识的发展，本阶段孩子在阅读上更有主见了。家长可以为孩子开辟一块图书角或设置孩子的书架，摆放孩子的图书，以便孩子能够随时翻阅，选择自己喜欢的书。

这一时期的阅读建议有：

1 采用互动形式，进行有感情的阅读

孩子在这一阶段已经有了较好的注意力，能够较长时间集中注意力做某一样事情了，因而亲子阅读的时间可以逐步延长，并根据孩子的需要开展。孩子在这一阶段已经不满足于单纯的对故事内容的讲述，而是更加期待有情感、互动性强的阅读。他们常常会问出"这是什么？""他怎么了？"等问题，因而需要父母的专心投入，和孩子一起沉浸在所阅读的内容中，加强与他们的互动交流，进一步调动孩子阅读的积极性。比如说，在读《鳄鱼怕怕 牙医怕怕》的时候，家长模仿鳄鱼和牙医的表情、口气来讲述故事，会让绘本故事变得更加有趣和生动。讲述中，孩子可能会问"鳄鱼怎么了？""它怎么牙疼了？"之类问题，这时候就需要家长与孩子互动。家长在此时跟孩子说"爱吃糖，不爱刷牙容易有蛀牙"以及"应该早晚刷牙、饭后漱口"等，会进一步强化孩子的理解，也有助于孩子

好习惯的养成。

2 在阅读中发现孩子的兴趣点

2 岁之后的孩子已经有了一定的独立性，并逐渐形成自己的兴趣。对于自己感兴趣的事情，孩子会萌生出强烈的兴趣。父母可以通过日常生活和阅读来发现孩子的兴趣点，并针对兴趣点开启与孩子的讨论话题，用孩子感兴趣的话题和内容将阅读延伸，进一步拓展孩子的兴趣，激发他的潜能。男孩子可能会对车辆类的书籍特别感兴趣，山本忠敬的《有趣的交通工具绘本系列》就是个不错的选择。与孩子一起共读可以帮助孩子认识这些常见的交通工具，做到活学活用，在兴趣得到满足的同时，激发他进一步探索、思考的能力。

3 以反复阅读为主

在这个阶段，孩子可能对某一本书、某一个故事萌生出特别的兴趣，可能会反复看、反复听同一个故事。这虽然对大人来说略感乏味，但是对于孩子来说，重复阅读的过程也是他们语言能力和表达能力进一步发展的需要。你会发现，每一次的阅读他们都会发现全新的东西，在多次重复阅读之后，他们可能会完全熟悉故事中

的情节，并复述整个故事。因此，与孩子一起亲子阅读，不必过分计较书的数量，也不能仅仅以家长的喜好为主，不能家长想读什么就读什么，想怎么读就怎么读，而是要切实以孩子的需求为出发点，满足孩子的阅读需求。

④ 在阅读中开拓思维

2—2.5 岁是孩子思维发展的关键时期。在这一阶段可以时时为孩子打开知识宝库，在与孩子的阅读中激发他们的求知欲望，通过亲子阅读培养孩子联想、思考和分析的能力。阅读的时候，结合书中情节适时地问一句"要怎么解决""应该怎么办"，可能就会进一步激发孩子的联想。看到书中常见的动物、植物时，与孩子一起指认也能够帮助孩子提高认知水平。

推荐童谣

小妹别生气

小妹小妹别生气，
明天带你去看戏，
你坐椅子我坐地，
我吃香蕉你吃皮。

五指歌

一二三四五，
上山打老虎。
老虎没打到，
见到小松鼠。
松鼠有几只？
让我数一数。
数来又数去，
一二三四五。

扫码听我读

《五指歌》

2—2.5 岁孩子铁定喜欢的 10 本书

《铃木绘本·蒲公英系列》（全 10 册）

（日）宫西达也等/文·图，彭懿，周龙梅/译，河北少年儿童出版社

日本图画书名家的作品精选，故事活泼有趣，故事中包含了亲情、友情、成长、勇气与分享等主题，用优美的文字、充满童趣的图画，为孩子讲述他们感兴趣的知识。

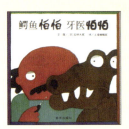

《鳄鱼怕怕　牙医怕怕》

（日）五味太郎/文·图，上谊编辑部/译，明天出版社

这是一场鳄鱼和牙医之间的心理较量。鳄鱼牙疼去看医生，他很怕医生，而牙医很怕鳄鱼，作者通过反复的语句和近似的表情刻画了鳄鱼和牙医戏剧性的心理变化，显得幽默诙谐。作者将刷牙教育融入作品中，取得了意外的效果。

《大卫，不可以》

（美）大卫·香农/文·图，余治莹/译，河北教育出版社

淘气、调皮、有个性、爱闯祸的大卫是无数孩子的翻版，作者用夸张的画面和简洁的文字展现了孩子的天性，能够让孩子和成人感同身受。

《猜猜我有多爱你》

（爱尔兰）山姆·麦克布雷尼/文，（英）安妮塔·婕朗/图，梅子涵/译，明天出版社

小兔子一次次用身体动作和语言向大兔子表达"我爱你"，但是总无法超过大兔子的爱。生动的语言、丰满的形象向读者传达的是最伟大的爱。

《母鸡萝丝去散步》

（美）佩特·哈群斯/文·图，上谊编辑部/译，明天出版社

母鸡萝丝出门散步，它走过院子，绕过池塘，越过干草堆……它身后紧随着一只想吃鸡的狐狸。狐狸每次跳起来想吃鸡，都没有成功，狐狸怎么那么倒霉呢？

《一园青菜成了精》

编自北方童谣，周翔/图，明天出版社

这是一本由传统童谣改编的绘本。作者将各种蔬菜的特性巧妙蕴藏于诙谐幽默的语言中，讲述了一个亦真亦幻的两国交战故事，寓教于乐，让孩子在玩乐中爱上阅读。

《0—3岁幼儿生活情景游戏绘本·和我一起玩》（全6册）

（瑞典）阿妮卡·托雷/文，玛利亚·尼尔松·托雷/图，赵清/译，长江少年儿童出版社

这套丛书由6本图书组成：《睡觉吧！》《吃饭啦！》《帮帮忙！》《回家吧！》《起床啦！》《荡秋千啦！》，将生活情景与游戏相结合，引导孩子发现生活的乐趣。

《晚安，工地上的车》

（美）谢丽·达斯基·瑞科尔/文，（美）汤姆·利希藤黑尔德/图，崔维燕/译，湖北美术出版社

生动、活泼的图画，配合作者温和、押韵的文字，将卡车与睡前故事进行了最完美的结合。

《谁藏起来了》

（日）大西悟/文·图，蒲蒲兰/译，二十一世纪出版社

书中展现了深受孩子喜爱的18种动物的形象，在"谁藏起来了？""谁哭了？""谁生气了？"等疑问中，孩子的洞察力、记忆力和对动物特征的认识得到了发展。在快乐的游戏中，孩子的好奇心

也得到了满足。

《小火车头做到了》

（美）华提·派尔普/文，（美）罗伦·朗/图，飞思少儿出版中心/译，电子工业出版社

快乐的小火车出了故障，坐在车上的玩具和玩偶们着急地寻求过往火车的帮助。在一次次失望后，唯有一辆貌不惊人的蓝色小火车头帮助了他们，将他们运送到了目的地。小读者们在阅读的同时感受到的是快乐、自信、善良和勇敢。

▲ 瑶瑶（2岁1个月）在阅读 苏潺/提供

2.5—3 岁
发育特点

1 运动能力的发展

本阶段孩子的运动技能有了新的提高，可以很好地控制身体的平衡、跳跃动作。孩子总是喜欢跑来跑去，手脚不停，不知疲倦。到孩子 3 岁的时候，跑步的姿势基本正确，跑得更远了，可以双脚交替上下楼梯，也能够更加灵活地攀登、钻爬，还能够模仿做体操。眼、手、脑的协调能力进一步增强。在精细动作方面也有了很大的提高，小手更加灵巧，能够握笔在纸上画画，也能够折飞机、捏橡皮泥、拼七巧板等，看书的时候能够主动用拇指与食指捻书页，更加灵活地翻页。

2 语言能力的发展

这个阶段是孩子语言发展的关键时期。孩子的语言更加丰富，表达更加准确，基本掌握了母语口语的表达，不仅可以运用简单句，还能使用复合句，说话的积极性很高，喜欢提问。孩子可能会问更多的问题，提问的内容相比之前也更加全面，除了爱问"为什么？"，还会不停地问"是什么？""怎么样？""去哪儿？"等问题。

在与大人的问答中，孩子的知识迅速积累，词汇量也稳步增加。孩子在本阶段开始出现独立表达自己意愿的需求，并且愈发强烈，有的时候孩子会自言自语。到了 3 岁的时候，孩子会唱一些儿歌，会讲小故事，会简单地自我介绍。

3 认知能力的发展

本阶段幼儿能够通过看图、猜谜语、听故事等进行简单的思维。注意力集中时间延长，记忆力增强，可以按照成人的指示集中精力完成一件事情或一种游戏。口头数数大约能数到 20，点数到 8 左右，但按数取物能力还较弱。

4 情绪与社会性发展

孩子在这个阶段逐渐喜欢跟小朋友交往，愿意参与同龄小伙伴之间的活动，乐意从大孩子那里学习玩耍的方式。孩子的自我意识加强，越来越关注父母的情绪和周围人对自己的态度。孩子逐渐喜欢独立做一些事情，特别是想为大人做点什么，能够主动给大人帮忙了。孩子的性格较之前的"叛逆"阶段也有所收敛，遇到人能够主动打招呼，并开始意识到要与人分享和合作，乐于参与角色扮演和拆分拼装的游戏。这个阶段是培养孩子好习惯的重要时期，帮助宝宝提高自理能力，让宝宝能够离开父母，学会自律、变得有礼貌，为入幼儿园做准备，是这个阶段的重点工作。

阅读指导

随着语言能力、认知能力等的发展，2岁半以后的孩子已经可以更加自如地进行阅读了。在这个阶段，他们不再只想听父母读书，他们也想读，想要知道更多的东西。有时候，你会发现孩子会主动拿起图书阅读，他们也会有自己的想法，会跟父母探讨故事中的人物，表达自己的观点。

亲子阅读贵在坚持，这个阶段我们依然需要每天和孩子一起阅读，享受彼此亲近的时光。每天拿出一点时间营造一个远离电脑、电视、手机，相对安静的环境，抱着孩子一起阅读，能让孩子感受到父母的声音和与父母之间亲密的关系。对于孩子来说，他们在每一次亲子阅读的参与过程中都会发现"新大陆"，每一次的过程都会带给他们快乐与兴奋。

由于这个阶段的孩子已经会用语言与大人交流，会经常向大人提问并得到回答，

▲ 佑佑（2岁7个月）在阅读《凯文洗澡》 台楅秋／摄

因而孩子的词汇量和知识量都在不断增加。本阶段亲子阅读可以选择的图书范围有所增加，内容可以更加丰富。选择与宝宝日常生活相关的、画面生动有趣的图画书会引起孩子更大的兴趣。如《红绿灯眨眼睛》《是谁嗯嗯在我的头上》等图书既贴合生活，又符合孩子思维的特点，是不错的选择。

这一时期的阅读建议有：

① 把阅读选择的部分权力交给孩子

这个阶段的孩子已经能够表达自己想要阅读的图书。如果父母选择的图书不是自己想要阅读的，他们会表现出拒绝，因

此在这一阶段可以给孩子充分的自由和信任，把阅读选择的部分权力交给孩子，让孩子参与选书的过程（可以和家长选书同时进行）。你会发现，对于他们感兴趣的图书，他们的注意力会格外集中，会关注故事中的每一个细节，有的时候还会让你一遍一遍讲读。

② 进行互动阅读和角色扮演

2.5—3 岁阶段的孩子已经具备了一定的语言表达能力，他们能够记住之前讲过的图书中的某个情节、某个句子，也有了足够的能力复述一些简单的小故事。在与孩子进行亲子阅读的时候，可以多让孩子进行复述，与他们进行更多的交流，这会让孩子产生愉悦感和成就感，也能够更好地促进阅读。如果孩子愿意，父母可以与孩子一起表演故事、模仿故事中的对话，或者尝试把故事中的主人公换成孩子的名字，让孩子参与其中，他们也会对阅读萌生出更大的兴趣。而这个过程既能够让他们掌握更多的语句，又能够培养讲述的能力。开始的时候，孩子讲的故事可能没有逻辑性，但是讲述成什么样并不重要，重要的是孩子在这个过程中锻炼了语言能力。在一段时间之后，他们会给你讲述完整的故事，也会更加喜爱阅读。

③ 提供更多的阅读机会和形式

2 岁半以后的孩子思维水平有所提高，他们开始对外界事物有了更多的思考。如果孩子有阅读的需要，可以随时随地与孩子一起阅读。在出门旅行的时候让孩子带上几本喜欢的书，在旅行的途中与孩子一起分享阅读，可以让亲子阅读变得更加轻松有趣。如果有机会，父母可以与孩子一起逛逛书店、图书馆，让孩子自己选择图书。

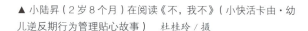

▲ 小陆昇（2 岁 8 个月）在阅读《不，我不》（小快活卡由·幼儿逆反期行为管理贴心故事）　杜桂玲 / 摄

在自己选择的过程中，他会对不同的书产生兴趣，充分感受阅读的乐趣。

在这个阶段也不妨尝试多种形式的阅读。可以尝试由爸爸妈妈为孩子读变为让孩子选择喜欢的图书给爸爸妈妈读，让他们在阅读中锻炼言语，表达想法。

④ 在阅读中帮助孩子养成良好的生活习惯

本阶段是培养孩子好习惯的重要时期。如果父母在与孩子的阅读过程中能根据他的年龄特点、发育特点选择一些具有针对性、贴近生活场景的读物，可以促进孩子在阅读过程中思考，帮助孩子养成良好的习惯，这也会对孩子将来的发展产生好的影响。例如：孩子读了《阿立会穿裤子了》之后，可能会学着故事中阿立的样子，自己穿衣服，慢慢学会自理；当他读了《菲菲生气了——非常、非常的生气》的时候，可能会引起共鸣，渐渐学会自我调节情绪。亲子阅读带给孩子的影响是潜移默化的。父母应该相信，只要坚持就会有效果。

推荐童谣

尾巴歌

什么尾巴长？什么尾巴短？

什么尾巴像把伞？

猴子尾巴长，兔子尾巴短，

松鼠尾巴像把伞！

什么尾巴弯？什么尾巴扁？

什么尾巴最好看？

公鸡尾巴弯，鸭子尾巴扁，

孔雀尾巴最好看！

鹅大哥

鹅大哥，鹅大哥，

红帽子，白围脖，

摇摇摆摆上山坡。

请你进来坐一坐，

我要问问你，

哦呜！哦呜！

唱的什么歌？

2.5—3 岁孩子铁定喜欢的 10 本书

《彩虹色的花》

（日）细野绫子 / 文，（瑞士）麦克·格雷涅茨 / 图，蒲蒲兰 / 译，二十一世纪出版社

一朵拥有美丽心灵的彩虹色的花用自己的花瓣帮助了有困难的小动物。它的花瓣给别人带来了温暖、美丽、快乐……也给孩子带来了一个爱的故事。

《红绿灯眨眼睛》

（日）松居直 / 文，（日）长新太 / 绘，（日）猿渡静子 / 译，新星出版社

本书从一个新奇有趣的视角为孩子讲述了红绿灯的作用，告诉孩子遵守交通规则会给大家带来便利。在阅读的同时，有助于孩子建立规则意识和交通安全意识。

《阿立会穿裤子了》

（日）神泽利子 / 文，（日）西卷茅子 / 绘，米雅 / 译，明天出版社

作品用朴素的文字和明媚的色彩把看似简单得不能再简单的一件事情讲了出来。这个节奏明快又风趣幽默的小故事很吸引孩子。

《菲菲生气了——非常、非常的生气》

（美）莫莉·卞 / 文·图，李坤珊 / 译，河北教育出版社

通过对菲菲情绪变化过程的逼真描写，引导孩子正确对待自己的情绪，设法摆脱愤怒的情绪，学会自我调节。

《古利和古拉》

（日）中川李枝子 / 文，（日）山胁百合子 / 图，季颖 / 译，南海出版公司

一对田鼠好朋友古利和古拉在森林里发现了一个蛋，可是蛋太大没法搬走。于是他们想办法在森林里烤起了蛋糕，还与森林里的动物们分享了蛋糕。作者用简单的故事、轻快的语言，向孩子们传递了劳动的喜悦和分享的快乐。

《是谁嗯嗯在我的头上》

（德）维尔纳·霍尔茨瓦特 / 文，（德）沃尔夫·埃布鲁赫 / 图，方素珍 / 译，河北教育出版社

跟随一只被"嗯嗯"砸到的小鼹鼠查找是谁"嗯嗯"在它头上，在这个过程中，你会认识各种动物的粪便。在有趣的阅读中，很自然地学到知识。

《你睡不着吗？》

（爱尔兰）马丁·韦德尔/文，（爱尔兰）芭芭拉·弗斯/图，潘人木/译，明天出版社

夜晚来临，小小熊因为害怕黑暗睡不着，它一次次缠着大大熊。在大大熊的耐心、包容和关爱中，小小熊克服了对黑暗的恐惧，安然入睡。温暖的画面既引导孩子克服对黑暗的恐惧，也让大人在与孩子的交往中学会更多一分耐心和包容。

《14 只老鼠吃早餐》

（日）岩村和朗/文·图，彭懿/译，接力出版社

这是一个老鼠大家庭，有爷爷奶奶、爸爸妈妈，还有 10 个兄弟姐妹。在起床穿衣、洗脸后，几个兄弟姐妹到森林里去摘树莓，最后满载而归，与大家一同品尝有树莓的丰盛早餐。每只老鼠都画得生动而有个性。

《你看起来好像很好吃》

（日）宫西达也/文·图，杨文/译，二十一世纪出版社

小甲龙从恐龙蛋里孵出来后，遇到了一只饥饿的霸王龙，但这不是一个关于弱肉强食的普通故事，而是一个关于爱的故事。

所有的孩子都喜欢宫西达也的书，特别是小男孩。

《小船的旅行》

（日）石川浩二/文·图，蒲蒲兰/译，二十一世纪出版社

故事描述了小船为送达一封来自小男孩的信在大海中的一段旅程，颇具悬念，富有趣味性和教育意义。

扫码听我讲故事

《是谁嗯嗯在我的头上》

▲ 司为郡兴致勃勃地趴着看书　司彪/提供

3—4 岁幼儿的发育特点与阅读指导

殷宏淼

▲ 可心（右，3岁8个月）和好朋友乐乐在公园阅读《跑跑镇》 韩颖／提供

3 岁以后，儿童身体比以往结实很多，精力也更加充沛。神经系统的发展使幼儿可以连续活动 5—6 个小时。这些发展使得 3—4 岁的幼儿具备了离开亲人去参加幼儿园集体生活的可能性。幼儿生活范围的扩大，引起了心理发展上的各种变化，他们的认知能力、社交能力都得到了迅速发展。下面，将 3—4 岁的幼儿分为 3—3.5 岁、3.5—4 岁两个阶段，根据各阶段幼儿的身心发展特点，提出相应的阅读指导建议。

3—3.5 岁
发育特点

1 动作发展

3 岁幼儿身体和手的动作已经比较自如。可以掌握各种粗大动作和一些精细动作，双脚交替上下楼梯更加自如，能够在成人的帮助下脱衣、解纽扣等。可以自己独立翻书，但有时会把书拿倒。

2 认知发展

◆感知觉

幼儿视力已达 1.0，视觉较为敏锐，喜欢观察，立体视觉已接近完成，能够区分基本颜色，如红、黄、黑等。能够精确辨认出各种声音，但不能区分声音上的细小区别，所以有时不能正确发音。能够辨认上、下，白天和黑夜，分辨物体的大小和远近。

◆注意力和记忆

本阶段幼儿注意力持续时间有 6—7 分钟，有时更短。

记忆以无意记忆和机械记忆为主，凡是感兴趣的、印象生动的事情容易记住。幼儿的再认和再现能力还比较弱，记忆内容在脑海中保留的时间比较短。这个阶段的幼儿喜欢读图画简洁鲜明、故事情节丰富的绘本。

◆思维和想象

3 岁后，幼儿思维由感知运动思维向具体形象思维过渡。但是他们的思维还是和动作、行为密切相关。在听别人讲述或自己讲述时，也往往离不开具体动作。比如：幼儿为家人描述幼儿园发生的事件时，会把手里正在做的事情停下，站起来边比划边说。

此阶段幼儿的思维带有很大的"自我中心"成分。以自己的方式来感知和阐释世界，无能力从他人的观点观察事物。所以有些幼儿会以为去幼儿园就是爸爸妈妈不要自己了；还有的幼儿本着交友的态度打一下小伙伴，对方会发出尖叫或痛哭，幼儿只会觉得惊讶，而不是内疚。

此阶段幼儿的想象以无意想象为主，想象简单并且是自发的。其想象主题一般不能按一定目的进行下去，容易从一个主题转到另一个主题。不能把想象的事物跟现实的事物清楚地区分开来，因此常被人家误认为是说谎。

③ 语言发展

人的语言机能是 5 岁左右完成的，以后便不会有很大发展。3—3.5 岁儿童正处于语言发展的关键时期。词汇量飞速发展，能掌握上千个字词，名词和动词占大多数。能够用简单的句子来表达自己的意愿。但有时语句表达不够完整。此阶段家长要有意培养儿童的语言发展能力。3 岁前，儿童大多通过指物来表达自己的意愿，比如，指着杯子就是要喝水。但 3 岁后，幼儿已经具备了通过句子来表达自己意愿的能力，这个时候家长要有意鼓励孩子说完整的话，比如，孩子指向杯子，家长可以问："你要什么呢？"

"杯。"

"宝宝，你要杯子做什么呢？"

"我要杯子喝水。"

通过这样的对话方式，鼓励孩子说完整的话。

④ 情绪和社会性发展

◆ 情绪

本阶段幼儿情绪变化非常大，有人称幼儿园小班孩子就是"情绪的俘虏"。有时会为微不足道的小事哭起来，越哭越激动，和他讲道理也不奏效，只能先用行动使他安静下来，之后再说理教育。

◆ 社会性发展

进入幼儿园，儿童与同伴的接触、交往比以往更加密切、频繁和持久。已经开始和同伴建立起友谊，虽然比较脆弱、易变，但是儿童的

▲ 灵灵（3 岁）与爸爸在图书馆亲子共读 李雅 / 提供

社会性程度已经大大提高。

此阶段儿童对父母的依恋依然很强烈，这和去幼儿园上学，离开自己熟悉的环境有关系。另外，儿童的自我意识得到进一步发展，能够用典型的情感和态度来表达自己，常以沉默、退缩、身体的抗拒来拒绝成人的要求，并常用"我自己来"拒绝成人的帮助。物权意识也开始萌发，"这些玩具是我的，不许你玩！"所以在幼儿园小班阶段，因为争抢玩具而发生的同伴冲突屡见不鲜。

此阶段儿童爱模仿，看见别人玩什么，自己也要玩；在游戏中，喜欢和别人担任同样的角色，所以有时在玩司机、乘客游戏时，会出现一车都是司机的情况。另外，幼儿也会不自觉地模仿身边的人，如：穿妈妈的高跟鞋，涂妈妈的口红等。此阶段幼儿分辨是非能力比较差，好的坏的全盘接收，所以家长要避免孩子看各种暴力、攻击性镜头，同时在生活中也要做好表率，比如有的家长不爱吃胡萝卜，看到胡萝卜就皱眉，儿童在不自觉中也会对胡萝卜产生抵触。

◆性别意识

▲ 灵灵（3岁）在阅读绘本　李雅／提供

儿童的性别意识开始萌发。不仅知道自己是男孩还是女孩，还有了穿衣打扮、玩具上的偏爱，比如女孩会喜欢穿裙子、扎小辫，喜欢玩芭比娃娃，在过家家游戏中也喜欢当妈妈。这个时候父母要注意培养孩子的性别意识，可以通过绘本来为儿童讲述男女身体构造的差异，促进其性别角色的建立。比如《小鸡鸡的故事》《乳房的故事》。

阅读指导

① 图书的选择

3 岁后，儿童对图书和阅读的兴趣进一步增强，各类绘本（图画书）依然是本阶段孩子阅读的主要读物。家长在为儿童选择绘本时可以本着下面的原则：

• 从儿童本位出发，选择的故事和儿童生活有交集。

• 趣味性强，图画艺术品质高，文字简单生动，读起来朗朗上口。

这些书既可以是认知类绘本，也可以是生活习惯养成类绘本，既可以是天马行空看似毫无主题的绘本，也可以是性格养成、情绪疏导类绘本。

另外，家长也可以根据儿童生活中遇到的问题，比如：入园焦虑、同伴冲突、爱发脾气等给予针对性的阅读指导。

◆ 有关入园适应的书

初上幼儿园，幼儿与依恋对象分离，因周围环境的改变而出现生理和心理的不适应，具体表现为哭闹、用餐困难、夜晚做噩梦，甚至生病。此年龄段儿童正处于埃里克森所说的"自主对羞怯"发展阶段，家长可以帮助孩子学会自主：自己吃饭、穿衣、上厕所，顺利渡过此阶段。另外，可以阅读一些与上幼儿园相关的绘本，帮助孩子顺利入园。比如：塞尔日·布洛克的经典作品《我爱幼儿园》，故事中的莱昂入园那天起不来床，觉得幼儿园"真恐怖"，到幼儿园后，发现到处都是哭声。在之后的日子里，莱昂慢慢爱上了幼儿园，那里有他的老师和同学，他学到了知识、学会了自主。这本书非常适合给刚上幼儿园的小朋友看，因为可以引起他们内心的共鸣，读起来就像是自己的故事一样。莱昂的疑惑他们都有，莱昂经历的正是他们每天在幼儿园的生活。家长可以一边为孩子讲这本书，一边来分享孩子在幼儿园的故事，相信此书可以抚慰刚入园小朋友焦虑的内心，释放他们对幼儿园的抵触情绪。

其他有助于幼儿顺利入园的书有《我不要去幼儿园》《一口袋的吻》《小阿力的大学校》《汤姆上幼儿园》等。

◆ 有关同伴分享的书

幼儿进入幼儿园，就意味着集体生活的开始。孩子会和小伙伴们一起学习、玩耍，获得同伴的情感支持，但是也难免有与别人冲突的经历。家长可以和孩子共读一些与生活息息相关的主题故事书，比如友谊、学校生活等方面的，既可以激发孩子的阅读兴趣，也可以对孩子的社会性交往技能起到启蒙教育的作用。

本阶段孩子和同伴冲突的一大原因是争抢玩具。家长们可能会觉得自己的孩子自私，不懂得分享，其实这正是孩子"自我为中心"的体现，物权意识的产生是儿童构建自我意识的必经阶段，也是孩子通往分享的必经之路。这个时候，家长不能一味地利用自己的权威恐吓孩子或者是单纯地说教，可以借助绘本让孩子明白同伴互助和分享的意义。比如，中国原创绘本《烟花》写了这样一个故事：有一天，狐狸和獾买了三只烟花，狐狸大方地和森林的动物们一起欣赏烟花的美丽，而獾则固执地要独自欣赏烟花。走过山洞、大海、沙漠……獾终于在一处"没有别人的地方"满意地点燃了烟花，而所有人都看到了绚美的烟花！故事

▲ 小顺（3岁）在书店阅读《小汽车》 赵天洋／提供

里的獾既自私霸道，但也很天真可爱，孩子们能从獾的故事中看到自己的影子，不需要父母的说教，慢慢地，他们自然会明白分享的含义。

另外一本是荷兰作家马蒂尔德·斯坦的《小幽灵》，一个不小心走丢的小幽灵闯进了夏洛特的家。"这是我的！"他抢占了

夏洛特的床，争夺夏洛特的浴缸，还弄乱了夏洛特的袜子篮……可是，最后他们却成了好朋友，小幽灵在与伙伴的相处中学会了分享。

类似与同伴交往和分享的故事很多，比如：《一个红苹果》《我先，我先！》《请吧》《我爱交朋友》《南瓜汤》等。

分享是一种优良的品德，但分享行为并不是与生俱来的。通过亲子共读此类绘本，孩子心中就会埋下分享的种子，当儿童遇到和故事中类似的场景时，这颗种子也就慢慢发芽了。

◆有关情绪疏导的书

本阶段孩子情绪不稳定，特别爱发脾气。作为家长，估计你可能遇到过这样的情景：孩子得不到想要的玩具大声哭闹，而你却束手无策。其实不良情绪每个人都有，关键在于如何疏导。家长可以带着孩子阅读一些情绪管理类图书，首推的就是新西兰作家特蕾西·莫洛尼的《儿童情绪管理图画书》，里面涵盖了快乐、生气、悲伤、孤单、嫉妒等各种情绪。以《我不想生气》为例，开头是："当我生气的时候，我的肚子里像装着一个大火球，马上就、要、爆

炸啦！嘭！当我生气的时候，我想使劲叫，使劲踢，使劲踩，踩……"让孩子仿佛看到了自己生气时的模样，立马就对这本书产生了认同感。接着，故事又讲到每个人都有生气的时候，家长这时可以问孩子因为什么事情生过气，也可以分享自己生气的经历，通过这种互动式分享，孩子会明白原来每个人都会生气，生气并没有错，不知不觉中无条件接纳了自己的不良情绪。然后，书中又说不要让生气的大火球烫伤自己，列举了很多疏导情绪的办法，家长可以带着小朋友学习这些办法，并告诉他下次生气的时候可以拿来当"法宝"用。

情绪管理类图画书还有很多，比如：《菲菲生气了——非常、非常的生气》《生气的亚瑟》《生气汤》《我变成一只喷火龙了！》《野兽国》《气球小熊》等。

除了以上这些方面，家长也可以多角度为儿童选择图画书，比如：充满想象力的《我的连衣裙》《好神奇的小石头》《如果我有很长很长的尾巴》《跑跑镇》等；也可以是性别教育启蒙书《小鸡鸡的故事》等；也可以是认知科学类绘本《蚯蚓的日记》《肚子里有个火车站》《牙齿大街的新鲜事》《先

有蛋》等。

② 阅读的方式

◆带着宝宝大声朗读

大声朗读可以培养孩子的语言技能，另外，声带运动会刺激大脑皮层的听觉区和运动区，加上视觉区的同步工作，可以增强记忆的效果。家长在朗读时可以运用夸张的表情、抑扬顿挫的语调、生动的语言和形象的手势，把儿童带入到故事中去。当儿童再次翻阅图画书时，就会模仿家长的语音语调、神态表情来讲述故事。另外，本年龄段的孩子已经知道父母读的故事对应书上的印刷字。在亲子共读绘本时，听到父母朗读，孩子的视听觉共同作用，会让孩子在不知不觉中认识汉字。

◆用规范化的语言讲故事

儿童正处于语言学习的关键时期，家长在为孩子讲故事时，要避免儿语的出现。什么是儿语呢？比如，有些家长在说杯子的时候说"杯杯"，车子说"车车"……家长或许觉得这样说更加符合儿童语言，能够被孩子接受，其实不然。孩子如果一直处于儿语的环境里，会影响他语言学习的

准确性，拖延孩子说完整语句的时间。

◆互动式分享阅读

曾在一次阅读会上见过这样一个场景：一位妈妈让孩子坐在旁边，开始一字一句为孩子读故事，没有任何讨论、分享，孩子几度站起来走开，都被家长硬拽回来，强迫孩子听完整个故事。这位妈妈显然缺乏互动式分享的技巧。在看书的过程中，家长可根据故事情节和幼儿的实际阅读情况，引导孩子参与讨论，这样既可以吸引孩子的注意力，又可以启发孩子思考，促进幼儿思维和语言能力的发展。本阶段孩子的语言理解能力和表达能力还不是很强，家长提问的内容应尽量简单点，可以对物品的名称、颜色、形状、数量提问，也可以分享孩子现实中的故事。比如：在读《我爱交朋友》时，家长就可以问孩子"你最喜欢的朋友是谁呢？你们俩一起都做了哪些有趣的事情呢？"家长尽量多用开放性的问题提问，对于孩子的回答要予以回应和肯定，这会增加孩子阅读的自信心，切忌一直用："是不是？对不对？"这类封闭性问题。

推荐童谣

老鹰捉小鸡

"开开门！"

"你找谁？"

"你家小鸡在不在？"

"我家小鸡不在家。"

"你家小鸡把我面盆打破。"

"赔你金佬。"

"不要。"

"赔你银佬。"

"不要。"

"赔你金刚山上一棵草。"

"不要。"

"你要啥？"

"我要你家小鸡的肉肉吃。"

"哦嘘，哦嘘。"

注：这是玩老鹰捉小鸡游戏前，老鹰和鸡妈妈的对话。佬：江苏方言，相当于"的"，金佬、银佬，此处指金脸盆、银脸盆。"哦嘘"是赶鸡的声音，让小鸡快跑。

扫码听我读

《老鹰捉小鸡》

3—3.5 岁孩子铁定喜欢的 10 本书

《我爱幼儿园》

（法）塞尔日·布洛克 / 文·图，张艳 / 译，北京科学技术出版社

幼儿园入学准备必读绘本。能够唤起同龄孩子的心理共鸣，抚慰他们焦虑的内心，释放他们对幼儿园的抵触情绪。

《中国第一套儿童情绪管理图画书全集》（全16 册）

（新西兰）特蕾西·莫洛尼 / 文·图，萧萍等 / 译，广州出版社

这套书从自我情绪认知、自我与他人、自我与家庭、自我与社会等角度来启发孩子学会认知和管理自己的情绪，更好地和他人相处。

《好脏的哈利》

（美）吉恩·蔡恩 / 文，（美）玛格丽特·布罗伊·格雷厄姆 / 图，任溶溶 / 译，新星出版社

哈利是一只黑点白狗，但有一天他变成了白点黑狗，不爱洗澡、总是把自己搞得脏兮兮的小朋友最能通过此书找到共鸣。

《好神奇的小石头》

左伟 / 文·图，中国少年儿童出版社

以一颗神奇的小石头为线索，用孩子的视角展示了它的神奇变化。这本充满想象力的洞洞书，非常适合亲子之间互动交流。

《请吧》（全 5 册）

（日）香山美子 / 文，（日）柿本幸造 / 图，朱自强 / 译，光明日报出版社

一个接一个满溢爱和暖意的故事，让孩子走出"自我"的圈子，学会分享，成为幸福的传播者。

《葡萄》

邓正祺 / 文·图，明天出版社

用儿童视角通俗易懂地传达了什么是爱，为我们塑造了一个为梦想不懈努力的小狐狸形象。作者另外一本《烟花》，则为我们传达了儿童的分享意识，同样值得一读。

《奇怪的蛋》

（英）埃米莉·格雷维特 / 文·图，萝卜探长 / 译，二十一世纪出版社

一只鸭子居然孵化出一条鳄鱼！荒诞的故事加上独特的内文裁剪，让孩子在悬念中获得惊喜。

《别这样，小乖！》

（爱尔兰）克里斯·霍顿 / 文·图，徐意筑 / 译，北京联合出版公司

小乖是一只特别乖的小狗，当面对他最喜欢的东西时可就不一定能安分了。这是一本探讨自我控制的很有意思的书，作者大胆运用饱和色，使得画面简洁、夸张、情绪饱满。作者另外两本《小小迷路了》《嘘！我们有个计划》同样值得一读。

《海象海象在哪里？》

（美）斯蒂芬·萨维奇 / 著，宁波出版社

这是一本无字书。海象从动物园逃跑了，他在哪里？这不仅是一本培养观察力的书，也可以成为亲子一问一答的游戏书：海象海象在哪里？海象海象在这里。

《我不知道我是谁》

（英）乔恩·布莱克 / 文，（德）阿克塞尔·舍夫勒 / 图，邢培健 / 译，新星出版社

这是一本轻松幽默的自我认知绘本。一只稀里糊涂的小兔子不知道自己是谁，直到黄鼠狼的出现。

3.5—4 岁
发育特点

❶ 动作发展

幼儿精细动作进一步发展，会扣扣子、拉拉链，能自己穿、脱鞋。能准确、灵活地投掷球。能正确用勺，独立就餐。可以熟练地翻书。

❷ 认知发展

◆感知觉

视觉进一步发展，手眼协调能力更灵活，能够分辨红、绿、蓝、黄、黑等，但对于色调相近的颜色，如：红和粉红、黄和橙容易混淆。听力发展基本完成。方位知觉进一步发展，除了上下，还可以辨认前后，但是不能分清左右。可以辨别圆形、正方形、半圆形、长方形、三角形。

◆记忆

还没有掌握一定的记忆方法，还是以无意记忆和机械记忆为主，记忆活动很容易受到情绪的影响。幼儿心情愉快则记忆效果好，沮丧时可能什么都记不住。到小学时，有意记忆会赶上无意记忆。

◆思维和想象

幼儿的具体形象思维进一步发展，可以不借助眼前的物体，而是通过存在于脑海中的表象来进行思维。有时父母在问孩子 2＋2 等于几的时候，他们的脑海里其实是两个苹果加两个苹果，所以在此阶段如果要培养孩子的计数能力，还是要通过具体的实物来启发思维。

此阶段幼儿想象力得到进一步发展，通过想象来获得满足。幼儿热衷于假装游戏，他们玩"过家家"，把洋娃娃当孩子照顾，还会用沙土和树枝来做饭。幼儿通过假装游戏来获得成人的社会生活经验和技能。这种假装游戏是有意识、有目的地以模仿方式而进行的智力活动，对于幼儿的认知发展具有积极意义。

❸ 语言发展

儿童可以听懂并使用普通话，能清楚地表达自己想说的事情，乐于与人交谈，并注意倾听对方讲话。书面语言能力开始萌发，理解母语文字是一种特殊类型的视觉图像，每个字都有对应的读音与含义；能够辨认周围环境中的印刷文字；知道讲故事者念的文字对应于书上的每一个印刷字体。能够辨认一些简单的字，特别是自己的名字。

▲ 妈妈与女儿娜木瀚（3岁11个月）、儿子海日瀚共读蒙古语绘本　　卢婷婷 / 提供

此阶段儿童基本可以流利地说话，通过完整的句子表达自己的意愿。家长需要注意的就是培养孩子的倾听能力。倾听能力的发展直接影响孩子知识技能的接收和掌握，同时学会倾听也是尊重对方的表现。家长要以身作则，在幼儿倾诉时，家长要认真聆听，创设宽松的倾听氛围。同时，也可以通过游戏、故事来激发孩子的倾听兴趣，利用语调、动作、表情等调动儿童倾听的积极性。

❹ 情绪和社会性发展

◆ 情绪

此阶段幼儿的情绪具有外露性、冲动性和易感性。比如：当别人不和自己玩时就会哭，受到老师的赞扬就会很开心。此时幼儿情绪的调节多采用释放性策略：哭泣、顶撞。具备了一定的移情能力，意识到别人具有与自己不同的情感、需要及对事物的理解，能够站在他人的角度上理解对方的愉悦和痛苦。这是幼儿情绪发展的一大突破，慢慢摆脱自我中心的思维，但自我控制能力还不是很强。

◆ 社会性发展

幼儿社会性技能得到进一步发展，出现助人行为，但往往不考虑助人后出现的后果，有时好心办坏事。能在家长和老师的启发下主动和别人分享。能够和小伙伴在一起合作游戏，有时在进行角色扮演时，还会主动分配角色，相互之间进行协调。但合作中难免发生冲突。

◆ 性别意识

本阶段儿童的性别意识进一步发展，他们不仅可以准确地进行性别辨认，还会渐渐地使自己的行为符合社会承认的性别角色。我们传统认知认为男孩应该勇敢坚强，女孩应该温柔文静等，但这其实是一种社会文化产生的刻板印象。心理学研究表明，双性化是一种最为理想的性别模式。双性化不是中性化，而是在具备自身性别特征的同时吸取异性的优点，比如男孩勇敢坚强的同时，又耐心细心，长大后社会适应能力会更强，也更受欢迎。所以家长

在对孩子进行性别认同教育的同时，也应避免性别刻板印象。

阅读指导

3.5—4 岁儿童的阅读自主性进一步发展，家长的角色由阅读活动的主导者向辅导者过渡，幼儿在阅读活动中也从认物为主，向以意义理解为主过渡，家长对幼儿文本认识的指导减少，对道德认知的指导增加。

① 图书的选择

本阶段孩子自我意识进一步发展，自主性更强，他们有时喜欢自己选故事，所以家长在为儿童选择故事时要充分考虑儿童的意

▲ 张昊辰（3 岁 6 个月）在阅读立体书　张连义／提供

愿，不能只以自己的好恶作为选书的标准。

◆ **适合孩子的才是好书**

很多家长会有这样的认知：市面上绘本太多了，怎样避免自己花冤枉钱？获奖类图书准没错。于是，开始大量采购各类获奖图书：凯迪克奖图画书、凯特·格林纳威奖图画书，荣获国际安徒生奖的作者的书……这些书都是好书吗？是的。这些书都适合这个年龄段孩子读吗？未必。家长在为儿童选书时，要充分考虑这个年龄段孩子的身心发展特点。本阶段孩子喜欢故事性强、趣味性强、插图精美的图书。并不是获奖书就适合所有孩子。比如《造梦的雨果》虽然是荣获凯迪克金奖的作品，但是要等到小学中高年级时阅读才合适。

3.5—4 岁孩子正处于想象力飞速发展时期，他们善恶分明，已经具备一定的社会道德感，这个时期，家长可着重关注孩子想象力的发展和良好性格的养成。

◆ **启发想象力的书**

本阶段孩子逐渐摆脱直觉动作思维，可以依赖于事物的具体形象、表象以及对表象的联想而进行思维。他们在接触事物时，求知欲和好奇心会使脑海里产生很多新鲜

的想法，家长可以针对此特点，多给孩子看些想象力十足的书，从而拓展孩子思维。比如：《小真的长头发》里，留着妹妹头的小真幻想自己有老长老长的头发，长到能够钓鱼、拔河、晾衣服！《我家的房子长头发啦！》中的小朋友邀请各路人马：消防员、大力士、大象、巨龙、风神等一起来为房子洗剪吹。《鲨鱼斗火车》中，鲨鱼和火车比赛打嗝、保龄球、乒乓球、钢琴表演、吃馅饼等，而所谓的鲨鱼和火车其实是两个孩子的玩具，这本书其实是两个孩子之间天马行空的想象。

诸如此类的书还有很多：《谁厉害？》——两个小朋友互吹牛皮，《陷入困境的克莱奥》——拉完屁屁忘带手纸而引发的一连串联想……

有些家长可能会认为每本书都要有一个主题，都要通过故事来向孩子说明一个道理。但正是上面这种没有主题，不讲大道理，让大家觉得有点无稽之谈的书才能让孩子跨越现实的束缚，进入一个奇妙的世界。在充满想象力的环境中熏陶出来的孩子，无论是智力的发育还是社交技能，都会更胜一筹。

◆培养良好性格的书

有一句话叫"三岁看大，七岁看老"，儿童心理学界也普遍认为，3—4岁时儿童开始形成最初的个性。如何让孩子成为一个善良正直、勇敢坚强、乐于助人的人？除了平时的言传身教，图画书也可以来帮忙。

威廉·史塔克的《勇敢的艾琳》一书，艾琳帮妈妈送礼服，在暴风雪中她摔倒、脚扭伤、迷路，经历着选择、犹豫、彷徨、恐慌和挣扎，但最终艾琳凭借自己的坚强，顺利把礼服送达。《魔奇魔奇树》中的豆太胆小，害怕黑夜，但是为了去山下给爷爷请医生，他最终战胜了内心的恐惧。对于模仿能力强的幼儿来说，这些书中善良、勇敢的主人公正好是他们学习的榜样。与性格培养有关的书还有《勇敢做自己》《故障鸟》《宝儿》《安的种子》《西西》等。

2 **阅读的方式**

本阶段孩子的阅读自主性增强，有时可以有模有样地自己来讲故事。他们在阅读图画书时会出现沉默看图、描述或评价图画、用自己的语言来述说、指认文字等不同的阅读行为，并且会自己提问、自我

修正、预期故事发展情节和跟读等。家长在这个阶段要扮演好引导者的角色。

◆启发性提问

本阶段儿童已经不局限于简单的认物阶段，家长此时的提问要有引导性、启发性，而不仅仅是考察性。3.5—4岁儿童已经具备了同理心，能够站在他人的角度理解对方的愉悦和痛苦。所以家长在提问的时候可以经常使用："如果是你，你会是什么样的心情？"比如：莫·威廉斯的《小猪小象系列绘本》里的《我的新玩具！》，当小象把小猪的新玩具摔成两半时，可以问小朋友：

"如果你是小猪，你是什么心情？"

"我很难过，我会哭，我很生气，因为这是我的新玩具。"

"那如果你是小象，你会怎么办？"

"我摔坏了朋友的玩具，我会说对不起。"

这样的提问方式不仅可以让孩子感同身受故事里主人公的心情，对于自身良好性格的培养也有重要意义。同时家长在提问时也可以联系孩子的自身经验，比如："你是不是和故事里的小朋友发生过同样的

事情?"这个时候孩子就会绘声绘色地讲起他自己的故事,不仅锻炼了语言表达能力,也把书中的内容迁移到实际生活中。

◆ **适当地使用推测**

"你觉得接下来会发生什么呢?"这样的预测提问不仅可以抓住孩子的注意力,还能启发他们思考。当然孩子推测出的答案未必和书中的一样,家长一定要多鼓励孩子,如果过于强调答案的准确性,图画书阅读就变成了一场智力训练,丧失了本身的乐趣和价值。

◆ **关注图画细节**

图画书是图文合奏的一种艺术,图画本身具备非常强的叙事特点,通过细节的刻画,往往能提供比文字更丰富的信息。本年龄段孩子观察力比较强,他们往往能发现图画中的小细节,因为他们关注点在图画,不像成人把注意力放在文字上。这些小细节的发现往往能够给孩子带来极大的发现乐趣,比如:《爷爷一定有办法》的小老鼠一家,他们利用爷爷的碎布不断使家变得漂亮起来;《小真的长头发》中,小真在用长头发晾衣服时,正在看《好脏的哈利》,如果读过《好脏的哈利》,这一发

现一定能让孩子兴奋许久。这种隐藏的小机关还有很多,所以家长在为孩子读图画书时,多引导孩子观察图画,切忌只读文字,草草了事。

◆ **角色扮演**

孩子们在这个阶段特别热爱角色游戏,家长要充分配合并给予适当引导。一般在读完一本图画书时,家长和孩子可以重新演绎一遍书中的故事,这不仅是对故事的一种回顾,更重要的是可以培养孩子的想象力,让他们对每次阅读都充满期待。比如:《猜猜我有多爱你》,家长和孩子可以

▲ 在图书馆里亲子共读 丰楠/摄

分别扮演大兔子和小兔子，通过对话享受亲子之爱；《逃家小兔》中孩子可以变成石头、小鱼、花朵；《我有友情要出租》中父母可以和孩子一起玩剪刀、石头、布……角色扮演不仅为阅读增加了乐趣，还可以有效促进儿童社会性的发展，增强儿童自我意识和角色意识。

③ 需要注意的事项

　　家长在为孩子读书的时候，不能忽略封面、封底、环衬和扉页，有些书的故事从扉页就开始，一直讲到封底。同时也要为孩子大声地读出文图作者和出版社，帮助孩子对书形成完整的认知。

　　家长在为孩子读书时，要保护孩子稚嫩的心灵。这个年龄段的孩子已经具备了同理心，他们善恶分明。有些故事里太过暴力的场景或语言可能会触碰到孩子幼嫩的心灵。比如《狼和七只小羊》中，当羊妈妈用剪刀割开狼肚子时，就有孩子问："那狼不是很疼吗？"他们对狼产生了同理心，所以，在遇到这种情况时，家长可以换个说法或一言带过，比如，跳过拿剪刀剪开狼肚子那一幕。

推荐童谣

开城门

城门城门几丈高？三十六丈高。

上的什么锁？金钢大铁锁。

城门城门开不开？不开不开！

大刀砍？也不开！大斧砍？也不开！

好，看我一手打得城门开。

哗！开了锁，开了门，

大摇大摆进了城。

扫码听我读

《开城门》

老鼠嫁女儿

老鼠嫁女儿，

黑猫抬花轿。

轿子抬到大门外，

新娘吓得吱吱叫。

吱吱叫，逃不掉，

黑猫听见咪咪笑。

咪咪笑，笑咪咪，

新娘怎么不见了？

3.5—4 岁孩子铁定喜欢的 10 本书

《青蛙弗洛格的成长故事》（第一辑，全 12 册）
（荷）马克斯·维尔修思/文·图，彭懿，杨玲玲/译，湖南少年儿童出版社

这是一套有助于孩子心灵成长的故事书。作者用孩童视角、幽默生动的笔触为我们讲述了弗洛格成长中遇到的一系列事情。

《勇敢的艾琳》
（美）威廉·史塔克/文·图，任溶溶/译，二十一世纪出版社

本书描写了一个叫艾琳的小姑娘，勇斗暴风雪，克服重重困难，终于替妈妈把礼服按时送达。相信读过此书的小朋友会被艾琳的勇敢和坚持感染。

《子儿，吐吐》
李瑾伦/文·图，明天出版社

小胖猪把木瓜连籽吞下，会不会从自己身上长出一棵木瓜树呢？天马行空的想象带给儿童阅读的乐趣。

《宝儿》
（英）约翰·伯宁罕/文·图，宋珮/译，河北教育出版社

宝儿是一只没有羽毛的大雁，但他是一位不轻言放弃的勇士，经历了一番奇遇和波折，他和好朋友开启了新生活，小读者可从中体会到坚强品格的可贵。

《小真的长头发》
（日）高楼方子/文·图，季颖/译，新星出版社

留着妹妹头的小真幻想自己长了很长很长的头发，可以用来钓鱼、拔河、晾衣服！跟着小真天马行空的想象和充满童稚的回答，孩子们不知不觉走进美妙的童趣世界。

《图书馆狮子》
（美）米歇尔·努森/文，（美）凯文·霍克斯/图，周逸芬/译，河北少年儿童出版社

这是一只喜欢听故事、愿意遵守规则并乐于助人的狮子在图书馆发生的一系列故事。它可以帮助孩子感知图书馆，激发来图书馆阅读的兴趣，同时学会包容和理解与众不同的人和事情。

《捉小熊》

（英）安东尼·布朗/
文·图，阿甲/译，北京
联合出版公司

小熊有一只魔法铅
笔，当面对猎人准备的各
种陷阱时，他总能化险为夷。这本书再现了作者超
现实主义的风格，让孩子穿梭于现实和想象中，不
时地带给孩子新的发现和惊喜。该系列还有《小熊
进城》《小熊总有好办法》和《小熊的童话大冒险》。

《鲨鱼斗火车》

（美）克里斯·巴顿/文，
（美）汤姆·利希藤黑尔
德/图，阿甲/译，长江
少年儿童出版社

一个是海里的恐怖大
王——鲨鱼，一个是铁轨上的霸主——火车，两者
交锋，谁将是最后的冠军？作者运用天马行空的想
象，让孩子们在爆笑的同时也体会到，所谓的优点
和缺点并不是绝对的。

《天啊！错啦！》

徐萃，姬炤华/文·图，
二十一世纪出版社

一只小兔子拿到一条
红裤衩，哦，这是一顶帽
子还是裤衩？这本令孩子
爆笑的图画书告诉我们：
适合自己的才是最好的。

《睡美人》

（瑞士）费里克斯·霍夫
曼/文·图，彭懿/译，
连环画出版社

不论是图画的布局、
镜头的切换，还是色彩的
搭配，作者都运用得非常
娴熟。对于喜欢听童话故
事的小朋友来说，这本书
再适合不过了。

扫码听我讲故事

《小真的长头发》

▲ 向嘉贝（4 岁）在国家图书馆少儿馆阅读
邓彩屏 / 摄

第3章 怎样为孩子挑选合适的童书？

丰楠／摄

为孩子挑选绘本的九条原则

杜桂玲

选绘本，就像是爸爸妈妈引领孩子在绘本花园里游玩的旅程，有些绘本大放光彩，有些绘本朴素清香。但也有很多绘本不值得流连，例如画面粗糙、情节牵强的绘本，对孩子的身心发展无益，浪费珍贵的亲子时光。接下来，我以孩子和绘本为中心，为父母总结了九条原则，讲讲如何挑选绘本，选好书，选对书，让这旅程精彩不断。

① 孩子的年龄为主线

绘本首先是给我们的孩子看的，所以选择绘本的第一原则是要符合孩子的年龄发育特点，根据不同的年龄选择合适的绘本。适龄的绘本便于孩子理解绘本内容，让他们可以享受更多阅读的乐趣，同时，适龄的绘本还可以为孩子的生理、心理发展提供适当的支持。

对于0—1岁的宝宝，陪他们读书不如叫作玩书。因为书对于他们来说，没有特别的意义，只是玩具的一种。对于新手父母来说或许更有意义，他们可以通过绘本学习更多亲子互动的技巧和方法，与孩子有更多的肢体接触、情感交流。这一时期可以选择节奏明快、朗朗上口的童谣、儿歌，如《最爱老童谣》《棕色的熊、棕色的熊，你在看什么？》等；可以选择叠词、象声词、拟声词较多的绘本，让宝宝的耳朵过过瘾，如《噗~噗~噗》《骨碌骨碌》等；可以选择促进亲子肢体接触的绘本，如《连在一起》《背背》《抱抱》；也可以选择可以摸、可以玩的绘本，如触摸书、有声书、玩具书等。

1岁以后，宝宝的各方面能力都有了显著提高，语言能力进入爆发期，活动范围大大扩大，探索世界的渴望更加强烈，我们可以根据绘本的不同内容有侧重地加以选择。可以选择与认知世界相关的绘本，如《好饿的毛毛虫》《小酷和小玛的认知绘本》等；也可以选择亲子情感交流相关绘本，如《猜猜我有多爱你》《逃家小兔》等；也可以选择与生活经验有关的绘本，如《噼里啪啦》系列、《阿立会穿裤子了》；可以选择形式新鲜有趣的洞洞书、翻翻书、立体书等。

3 岁后，宝宝上幼儿园了，从家庭走进小社会，世界更加开阔，生活经验更加丰富，逻辑思维能力也显著提高，可以选择的绘本就更多了。比如与幼儿园生活密切相关的《小恐龙幼儿园》《蘑菇幼儿园》等；自然科普类绘本，如《乐乐趣科普翻翻书·看里面》系列、《第一次发现丛书》；促进与父母情感交流的《小猫头鹰》《给爸爸的吻》等；与祖辈情感交流的绘本，《先左脚、再右脚》《奶奶和我捉迷藏》等；与同伴情感交流的绘本，《芭蕾舞女孩》《阿秋和阿狐》等；与情绪管理有关的《生气汤》《我不要难过》等。

悄悄告诉你，按照孩子的年龄选择绘本有个好办法：估算一下书中的主角多大年纪，就给多大年纪的孩子看这本书，够简单的吧！

② 孩子的兴趣为引导

这主要针对 1 岁以上开始有了比较明显喜好的孩子。都说兴趣是最好的老师，在亲子阅读这件事上也不例外，特别是对于刚刚开始培养阅读习惯的孩子来说，选择有他喜爱要素的绘本，也许就推开了亲子阅读的门。

有的女孩喜欢猫咪，那么《小猫当当》《小猫鱼》《小猫咪追月亮》就是很好的选择。

有的男孩超爱车，那么《轱辘轱辘转》《开车出发系列》《两列小火车》可能会让他们爱不释手。

喜欢恐龙的孩子，《揭秘恐龙》、宫西

▲ 正霖（1 岁 11 个月）在阅读《前面还有什么车？》
倪继利 / 摄

达也的经典恐龙系列会让他们一看再看。

喜欢月亮的孩子，可以选择《月亮，晚上好》《月亮的味道》《月亮，生日快乐》《月亮捉迷藏》等。

小吃货们就更好选了，丰田一彦先生的美味系列、《古利和古拉》系列、《云朵面包》《乌鸦面包店》等非常合适。

处在数字敏感期的孩子，可以看看《九只小猫呼噜呼噜》《数字在哪里》《三个人几个帽子》等。

需要特别注意的是，兴趣引入只是第一步，接下来我们要避免孩子阅读上的偏食，就需要在他们的兴趣之外，循序渐进地引入更多的绘本，让他们成为健康的杂食动物，接触更多种类的经典绘本。

③ 主题绘本来帮忙

在一些特别的时候，孩子会需要一些特别的绘本，比如看牙医之前看看《鳄鱼怕怕 牙医怕怕》《牙齿大街的新鲜事》，比如入园前看看《一口袋的吻》《小阿力的大学校》……这就是我们要提到的主题绘本。很多时候，孩子遇到了困惑，我们说很多道理、费很多口舌却收效甚微，但是绘本里的故事经常能帮大忙，孩子很容易把自己的情绪代入进去，跟着绘本主角一起感受起起伏伏，内心得到滋养，获得力量与成长。父母可以有意识地搜集不同主题的绘本，在孩子需要的时候及时供应，但千万不要把绘本当作万能药，孩子最需要的还是父母的支持与陪伴，绘本只是亲子交流的一个恰到好处的渠道而已。

④ 绘本大奖为辅助

国内外绘本界有一些大奖，能为我们甄选好书，遴选好作者，提供帮助。如美国凯迪克大奖（Caldecott Medal），是由美国图书馆协会于 1938 年创立的奖项，为纪念 19 世纪英国的绘本插画家伦道夫·凯迪克（Randolph Caldecott）而设立，是美国最具权威的绘本奖，被认为是图画书的"奥斯卡奖"。每年评选一次，选出一名首奖，二至三名佳作，分别授予凯迪克大奖和荣誉奖，获奖作品可以

▲ 凯迪克荣誉奖图画书《大卫，不可以》，封面上贴着获奖标志：银色"骑马的约翰"圆形奖牌

▲ 兴远（2岁）的书架　杜桂玲 / 摄

在图书封面上贴上印有凯迪克著名插画"骑马的约翰"的奖牌，金色代表凯迪克大奖，银色代表荣誉奖。如果爸爸妈妈看到图书封面有个这样的奖牌，就不要犹豫啦！目前引进国内的代表作品有：《约瑟夫有件旧外套》《小房子》《小黑鱼》《这不是我的帽子》《大卫，不可以》等。

英国凯特·格林纳威大奖是英国图书馆协会于 1955 年发起的，为纪念 19 世纪的儿童插画家凯特·格林纳威（Kate Greenaway）女士而设立，设有格林纳威大奖、荣誉奖和提名奖。目前引进国内的代表作品有《你睡不着吗？》《我绝对绝对不吃番茄》《南瓜汤》《和甘伯伯去游河》等。

国际安徒生奖（Hans Christian Andersen Award) 由国际少年儿童读物联盟于 1956 年设立，由丹麦女王玛格丽特二世赞助，以童话大师安徒生的名字命名。国际安徒生奖是全球儿童文学界的最高荣耀，素有"小诺贝尔奖"之称。该奖每两年评选一次，以奖励世界范围内优秀的儿童图书作家和插图画家。获奖者将被授予一枚金质奖章和一张奖状。2016 年，中国作家曹文轩教授被授予此奖，是中国童书界的骄傲。目前国内引进的获奖作家的代表作有：莫里斯·桑达克的《野兽国》，赤羽末吉的《苏和的白马》，汤米·温格尔的《克里克塔》《三个强盗》，马克斯·威尔修思的《青蛙弗洛格的成长故事》系列等。

除了这三个大奖之外，其他国际大奖还有德国绘本大奖、布拉迪斯国际插画双年展大奖、波隆那国际儿童书展最佳选书奖、日本绘本奖等。国内的大奖有丰子恺儿童图画书奖、信谊儿童图画书奖等。

鉴别这类获奖图书有个小窍门，对于获奖作品，出版商一般都不会放过宣传的机会，都会在醒目的位置标识出来，比如图书封面、腰封等，爸爸妈妈选择图书的时候可以多多关注。

⑤ 名人名家自带光环

一本书有三个重要的要素：书名、作者、出版社。这个作者项是非常好的指引，比如绘本界的大咖安东尼·布朗、李欧·李奥尼、艾瑞·卡尔、林明子、宫西达也……他们的作品有着比较一致的风格，其水准也得到了国内外诸多读者和市场的考验，很多孩子都能通过一本书的风格直接认出某位作者，因此，选择这些绘本大家的作品一般是不会错的！著名绘本编辑邢培建的名言，是对这一选书原则最好的注脚：如果你在书店遇见"林明子"，一定要把它带回家！

当然，大奖不必迷信，大师也不必盲从，好的作品并不一定会博得孩子的青睐，我们负责提供给孩子，但不要强求他们一定喜欢哦！

⑥ 跟着绘本书单走

移动互联时代，获取信息非常方便，通过图书、微博、微信，我们可以看到很多著名阅读推广人、绘本大家、知名杂志、草根绘本爱好者推出来的各类书单。《父母

▲ 布丁（4岁）跟爸爸一起专注地看书　于春媚／提供

必读》杂志与红泥巴读书俱乐部自 2005 年起每年都会推出年度优秀童书排行榜，很有参考价值；著名阅读推广人杨政的"爸爸书单"，很值得爸爸们学习一下，一方面学习如何陪孩子读绘本，一方面学习如何做个好爸爸；中外图画书界专家的著作也为绘本选择提供了很好的指引，代表作品有彭懿的《阅读与经典》，可以帮助我们直观地选择适合的或者喜欢的绘本；还有根据季节变化和不同节气而开列的绘本书单，家长循着它的脚步来选择适读的绘本，让孩子能够第一时间感受大自然的变化，了解节气节日的不同习俗来历，通常效果也相当好。本书后面所附的亲子阅读推荐书目，专门针对 0—4 岁孩子，分为 6 大类，全面系统，每本书有提要和适读年龄，为低幼儿童的家长提供了很好的指引。

各类书单不要贪多，结合每个家庭和孩子的特点，从中选择适合自己和孩子的绘本就好。

⑦ 父母的兴趣不要忘

之所以把这一条单独提出来，是特别提醒爸爸妈妈，如果想让孩子爱上阅读、爱上绘本，爸爸妈妈首先应该爱上阅读、爱上绘本，因为只有自己喜爱的书、喜爱的故事，才能更好地呈现给孩子，我们很难想象，父母面对着一本自己都不爱的书，怎样讲得声情并茂。绘本那么多，父母爱哪本？有的父母喜欢文字优美的，有的父母喜欢情节有趣的，有的父母喜欢情绪管理的，有的父母喜欢知识性更强的……这些都很好，就像扎克伯格选择给女儿看《宝宝的量子物理学》，奥巴马喜欢给孩子们讲《野兽国》，每个父母都会有自己的私藏书单在等着和孩子共同分享，那将是多么美好的时刻！

此外，还有一类绘本，更适合推荐给父母看，比如《别说你快点快点》《妈妈你好吗？》《大嗓门爸爸》《妈妈发火了》《有麻烦了！》等侧重亲子交流的绘本，父母可以通过绘本学育儿，更好地与孩子相处。

⑧ 朋友圈子多交流

现在，大家不管在生活里，还是手机里，都有个朋友圈，我们的孩子也不例外，他们也有自己的小小朋友圈，其他小朋友在看什么书？父母们多多交流，让孩子们在不同的家庭里共读一本书，这样不仅小朋友们在一起时多了交流的内容，过家家

▲ 佳馨（2岁）在图书馆低幼区书架上选书　倪继利／摄

时没准就有了同一个主角，也可以推动小朋友阅读的广泛性。从这点来说，几个小朋友聚在一起，定期开个亲子读书会，也是极好的！

⑨ 把选书的权力还给孩子

绘本很多，选择绘本的方式有很多种，父母想要为孩子选择优质的、适合的绘本，别无他法——多接触，多了解，多学习，

在阅读中练就一双慧眼，就像当铺里的小伙计，看得多了，自然有了辨别能力，现代社会节奏快、时间少，请一定为我们的孩子选择优质绘本！

但是，请注意：当我们把好的绘本推到孩子的面前，他们就一定会喜欢吗？

不一定！

因此，我们把最重要的原则放在最后——请把选书的权力最终交给孩子，父母负责提供优质好书，在此基础之上，读哪一本，爱哪一本，多听听孩子的想法！这样，他们才更愿意读书，才更能享受读书的乐趣。当然，父母如果想给孩子推荐好书，也要动点小心思，比如把好书巧妙而随意地放在孩子随手可得、容易看到的地方，或者爸爸妈妈大声地朗读、动情地演绎，都可能吸引孩子爱上本来不太青睐的书。

亲子阅读是一件快乐的事，绝不是为了达到某个阅读的数量，也不是为了向别人炫耀我们读过多少书。快乐是最大的驱动力，不要催促，不要逼迫，不要攀比，跟着孩子的兴趣、节奏，慢慢向前，一起享受阅读的快乐。

绘本画家告诉你：
为什么要让孩子看一流的绘本？

姬炤华

绘本里藏着什么？

在所有经济发达的国家和地区都可以看到绘本，这些地区低龄儿童的阅读对象也主要是绘本，绘本为什么如此重要？薄薄的几页插图，又没有多少文字，居然还有好多不要文字的"无字书"，这些书根本没法用来认字，它们对儿童来说究竟有什么用？

一本薄薄的绘本动辄就要几十元，而在超市、书店、报刊亭里常见的儿童读物，至少百十来页才要十几元，性价比看起来很高，让儿童来读这些书不好么？又认字，又省钱，书又厚，可以读得更久，怎么会有那么多人选择又薄又贵的绘本呢？

让我们来看看绘本里都藏着些什么宝藏吧，是什么让人们忘记勤俭持家的古训，去选择又薄又贵的绘本呢？我们来看几个例子：

第一组对比图都是传统写实主义的素描作品，分别是绘本《流浪狗之歌》中的画面、17世纪巴洛克时代荷兰艺术大师伦勃朗的

▲《流浪狗之歌》内页　（比）嘉贝丽·文生

▲《两个妇人和小孩》　（荷）伦勃朗

画作《两个妇人和小孩》，它们都是运用简单但灵活多变的线条来进行创作。

第二组，绘本《奥菲利娅的影子剧院》所采用的表现手法和美国著名画家怀斯的名画《草》一样，都是写实主义风格，表现现实中的场景及人物，刻画都很细腻。

▲《奥菲利娅的影子剧院》内页
（德）弗里德利希·海西尔曼

▲《草》 （美）怀斯

第三组当中，绘本《妈妈的红沙发》和野兽派大师马蒂斯的《红色的房间》，都是用极其浓烈的色彩和夸张的形象来表现

画家的情感，两者都是野兽派风格。"野兽派"的名字是 1905 年巴黎沙龙展上，别人给这些画家起的，原本含有挖苦意味。野兽派主张色彩、线条、形象等应根据画家的主观感受来处理，反对写实地再现客观物象。

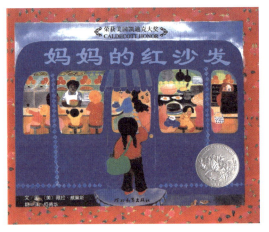

▲《妈妈的红沙发》封面 （美）薇拉·威廉斯

▲《红色的房间》 （法）马蒂斯

下面一组是超现实主义画风。超现实主义描绘的是现实中不存在的，或比现实夸张的场景及人物。比如绘本《梦想家威利》和超现实主义的代表人物达利的作品《利加港的圣母》，我们甚至可以将《梦想家威利》这一封面理解为作者安东尼·布朗向达利致敬的一幅作品，这就好像许多电影导演运用许多相同的桥段和手法来表达他们对李小龙的敬意一样。

▲《利加港的圣母》 （西班牙）达利

我们再来看看抽象主义的作品。分别是绘本《小蓝和小黄》，以及抽象派的创始人之一蒙特利安的代表作《红、黄、蓝》系列中的一幅。它们的共同点就是完全没有具体的形象，以纯粹的线、色、块，作为艺术的"语言"。

▲《梦想家威利》封面 （美）安东尼·布朗

▲《小蓝和小黄》内页

（美）李欧·李奥尼

▲《红、黄、蓝》

（西班牙）蒙特利安

最后，我们来看看中国民族风格的绘画。分别是我和徐萃的绘本《天啊！错啦！》的一个画面，以及著名画家吴冠中先生的作品《怀乡》，两者表现的都是中国水墨画的韵味，有很浓郁的中国风格。

▲《天啊！错啦！》内页　姬炤华

▲《怀乡》　吴冠中

由此我们可以发现，美术史上的各种绘画风格都可以在绘本中看到。绘本虽然以儿童为主要读者群，但和那些供成年人欣赏的优秀艺术作品相比，没有任何差别，儿童读了绘本就如同欣赏了那些艺术大师的作品，艺术大师的艺术风格则通过绘本带给了儿童。

那么，为什么要让儿童接触艺术呢？一提起艺术，立马让人感到隔膜，艺术这东西多深奥，成人都搞不懂，小孩儿能懂吗？这东西对小孩儿来说又有什么用处呢？

一个惊天的秘密!

在讲座中，我曾对上万名听众提过这样的问题：你们小时候都上过音乐和美术课吗？大家都说上过。而当我问道：那你们有多少人长大后能够欣赏音乐、绘画？现场却每每鸦雀无声。为什么我们接受的艺术教育，并没有使我们学会欣赏艺术呢？

这里其实埋藏着一个惊天的秘密！都说孩子不能输在起跑线上，但我们真正的危机，恰恰是根本没弄清起跑线到底在哪。

小时候邻居有位淘气的男孩，老早就不上学了，邻居们纷纷议论说，这孩子从此不"读书"了。这个例子说明人们有一个固有的观念，即"上学"就是"读书"，"读书"就是读"文字"。于是，教育就被通俗地理解为识字和背书，那么，越早识字就

越能"赢在起跑线上"。然而，这其实是对阅读乃至教育的一个根本性的错误认识！

实际上，阅读行为真正的过程是：观察—感受—理解—分析—表达，文字只是在观察环节和表达环节的辅助工具。我们看一个人在网络论坛看帖，之后忙不迭地回复，我们肉眼看到的行为似乎只是读字和写字，于是就直观地认为阅读就是读文字。但大脑在阅读过程中，其运转还要有画面、声音，甚至味道的参与，而它们才是阅读行为真正的主角，因为文字说穿了，就是对画面、声音、味道等等信息的记录工具，就像电脑运算的数字代码，要想理解文字的意义，还得由大脑把它翻译成感官能真实感受到的各种感觉信息。所以我们在读文字时，脑中才会不自觉地出现图像和声音。

肉眼看不到就被成人忽略的其他信息，对孩子来说则加倍重要，因为孩子并没有文字这个辅助工具，他们的阅读行为完全依赖对画面、声音、味道等等信息的观察。**这也就是为什么必须让孩子读无字书的原因！** 也是曾经领跑世界的欧美，竟有如此之多的无字书的原因！

以上揭示了"学习"的秘密！即"学习"不等同于"读书"，更不是"识字"和"背诵"。正确的教育应该顺应学习的方式，而不是反之。然而，现行教育却把事情完全弄颠倒了。由于孩子的语言和文字掌握少，成人误以为他们理解能力较成人为差，于是，儿童读物除了不遗余力地要儿童识字，其内容变得十分浅薄甚至弱智，却不知道人类的很多能力甚至是天生的，依据"用进废退"的原则，成人的这种误解实际上耽误和扼杀了无数有天分的孩子！

"创作"和"生产"

为什么我们接受的艺术教育，并没有使我们学会欣赏艺术？

实际上传统的艺术教育只教给学生一项特定的技术，比如怎么画画、怎么弹钢琴等等，而**并没有教孩子如何欣赏艺术、体会美、感悟生活中的点点滴滴**。而培养敏锐的感觉、保护和提高孩子的心智素养、保留和开发他们与生俱来的探索天性和创造天分，才是**低龄孩子美育的最重要目的**。

如果这个目的不澄清，那么艺术教育就会变得很滑稽：比如我们不会在小学里教

孩子钳工、车工的技术，老师们会脱口而出地回答，因为他们长大了不一定去做钳工、车工。但多数孩子将来也不会去做画家啊？那为什么还要学画画的技术？

这种对艺术教育的错误观念，几乎统治着我们的儿童阅读。

请来看一下市面上常见儿童读物的例子。

有很多家长看到下页这幅图后说，过去给孩子看的很多书，里面画的小动物都是这般很可爱的样子，难道儿童书不应该可爱吗？在他们的印象里，儿童书都应该是非常可爱的，这是我们成年人对儿童阅读的一大误区。儿童书到底要不要可爱？儿童为什么可爱？儿童一般都长得非常可爱，大大的眼睛，大大的脑袋、小小的身子，这种可爱有一个术语叫作"丘比特现象"。不仅是人类、哺乳动物，甚至爬虫，幼年时期都很可爱，为什么？这是为了让成年人或成年动物愿意去照顾他们、哺育他们，而他们本身没有觉得自己很可爱。比如一只小狗走在街上，我们一看毛茸茸的很可爱，就拍了照片，然后把照片给小狗看。而小狗怎么样呢？它不知道你在干什么，它不

觉得自己很可爱，它对这个没兴趣。对于小狗来讲，他的注意力在于如何寻找食物生存下去；对于儿童来讲，他需要的是获取大量的信息，不断发育成长。如果我们把可爱的东西强硬地塞给他，有一种自作多情、对牛弹琴的感觉。儿童书是不必可爱的。

从上面所举的绘本与大师作品对比的实例中，我们可以发现绘本当中的人物形象未必可爱，而是各式各样，呈现出各种不同的风格面貌。那么，常见儿童读物的人物形象又如何呢？

我们来看这幅插图，图上的文字是这个意思：许多小动物放了学一起回家。但我们从这张图上感觉到，这些熊、猫、兔子，它们长得都很相似，就像是一群小孩在一起开化装舞会一样。

为什么会这样？我也曾经参与画过这类儿童读物，今天就做一回"污点证人"，来"3·15"一把，说说这类儿童读物是怎样制作出来的。

首先，我们需要一个模板。出版社说我需要一只兔子，在这个模板上加上耳朵就是只兔子；出版社说需要一只狗，我就把

▲常见儿童读物的一页：许多小动物放了学一起回家

这对耳朵去掉，换上一对狗耳朵，就是狗；出版社说需要一只猫，我就换上一对猫耳朵，就是猫；说需要一个小女孩，我加上头发就成了小女孩；说需要小男孩，我就换上小男孩的头发……总之，不管画什么，都是这一个模板变来变去（见下页模版图）。

为什么要这么做？这就要从绘画过程上来说明。

艺术创作是一个"创作"的过程，但常见儿童读物是一个"生产"的过程。生产过程和创作过程是不一样的，生产过程最要紧的不是生产什么，而是生产的速度，为了快速地大量生产，因此才有了这样一

个模板。

下面我们以一幅图为例，看看常见儿童读物是如何生产出来的。

▲常见儿童读物形象模板

▲常见儿童读物绘画步骤

这个生产过程是这样的：好比我是北京的一个画家，我先出一个黑白的线稿，

ge guó zǐ hóng yíng yíng
80.10 个果子红艳艳
ge guó zǐ huáng cān cān
4 个果子黄灿灿
hóng guó huáng guó zhuāng zài pán lǐ miàn
红果黄果装在盘里面
hóng hóng huáng huáng zhēn hǎo kàn
红红黄黄真好看。

10 + 4 = 14。

▲排上文字后的完成图

然后再把这个线稿交给一个工作室（这个
工作室可以不在北京，有可能在上海，也
有可能在深圳），工作室接到线稿后就开始
上色。工作室的结构通常都是这样，老板
一般都是画家，老板负责和出线稿的画家
以及出版社接洽，具体的上色工作由雇员
来完成。雇员是由老板招募来的，可以不
懂美术，经过简单的电脑软件培训就开始
上岗。大家请看常见儿童读物的绘画步骤
图，首先从一个苹果开始上色，然后是所
有的苹果，然后是梨，最后是盘子和背景。

　　下面再来看一下"创作"的过程是怎
样的，我们以一幅风景画为例。

　　从这幅风景画的绘画步骤图我们可以
看出，它与常见儿童读物的绘画步骤相比，

▲风景画《午休》的绘画步骤

▲风景画《午休》（美）简尼特·威斯

最大的区别就是，从第一步开始，这幅画上就有门、有屋顶，画面是完整的，只是有些模糊而已，这才是绘画艺术的创作过程。打个形象的比喻，好像这里放着一个景物，我们厚厚地把它糊上许多层纱布，这时景物是完整而模糊的，然后我们再一层一层地把纱布揭开，揭一层就会清楚一点，纱布揭完，画也就完成了。除非是水平很高的高手，否则很难做到从一个苹果开始画起。而且即便是高手，也要做到胸

有成竹再下笔，也就是说，高手的心中也有一幅完整而模糊的步骤图，只是没有把它画出来罢了。因此在创作中，我们很难孤立地从一个苹果开始画起，如果这样就难以顾及其他，而导致创作的失败。

由此可以发现，绘本的"创作"和常见儿童读物的"生产"看起来都是画一张画而已，其实在本质上，它们是截然不同的两种事物。

"创作"的目的是要表达自己内心想要表达的东西——自己的主观感受、情绪、思想和认识。艺术创作归根结底是艺术家有话要说，画家是用他的画笔在说话，一如作家用文字说话，舞蹈家用肢体说话，音乐家用节奏和旋律说话。

我们举一个例子，这幅图是德国著名的儿童文学作家米切尔·恩德的名作《奥菲利娅的影子剧院》中的一个画面（见第96页）。

奥菲利娅是一个老处女，一生都生活在剧院里。她的父母希望她成为一位大演员，但她没有让他们如愿。尽管如此，她还是希望能够献身艺术，哪怕以最卑微的方式。剧院的舞台前面都有一个突起的小

箱子，观众席上看不见它，奥菲利娅就坐在里面，当演员在台上忘记台词的时候，奥菲利娅就在那里给演员提示台词，这就是她做了一辈子的工作。后来随着时代的变化，娱乐项目增多了，看戏的人越来越少，剧院终于关了门，奥菲利娅也就失业了。她收留了许多影子，于是就把这些影子藏在一只皮箱里——这只皮箱是她全部的财产——带着它们到处流浪。走着走着她来到了海边，她无法再往前走了，她觉得自己也该歇一歇了，就坐在了海边，坐在了自己的那只皮箱上。

这幅画描绘的就是这幕场景，大海、沙滩、天空和奥菲利娅都被渲染成相似的灰褐色，很好地表现了奥菲利娅当时绝望、阴郁的心情。不管大海、沙滩、奥菲利娅所穿的服装等等实际是什么颜色，作者都把它渲染成相似的灰色，可是我们看了却觉得很真实，不是色彩本身真实，而是色彩传达给我们的感受很真实，很真切。这就是画家利用色彩来"说话"的例子。

而"生产"的目的，如前所述，是为了快速地、大量地"出活"，因此，生产者和您的孩子"无话可说"。

同样是表现大海，请看这两幅常见儿童读物的插图。绘画作者不是同一个人，上色的也不是同一个工作室，也不是由同一个出版社出版的，出版时间也不相同，但是我们看到这两幅画却非常相似，大海都是蓝的，太阳是红的，树是绿的，都是单调的固有色。其中一幅的中心位置是太阳，另一幅没有太阳，就在同一位置安排了一艘船，仍然是红色的，就好像事先商量好了一样，真是"英雄所见略同"。这两幅画，画出来的东西虽然多，但是带给我们的信息却几乎为零，在这两幅画里作者没有任何话要说，作者的注意力全在尽快完成这件产品，拿到稿酬上。但是《奥菲利娅的影子剧院》的画面虽然非常简单，但是信息是非常丰富的。我们说过，儿童在艺术欣赏上是没有任何障碍的，他在艺术方面的敏感度有时候比我们成人还强，你能够看出来这之间有差别，儿童也一定能够看出来，并且感受更强烈。

▲ 两本儿童读物中出现类似的大海

可怕的后果！

一个教育上的错误认识，影响着我们社会的方方面面，远远超过教育、阅读或是艺术的领域……

如今世界经济一体化的大潮将地球的每个角落都黏结起来，使整个地球成为一个分工明晰的巨大工厂，每个国家都成为一个完整产业链条中的一环。人们常说，中国的经济主要还是劳动密集型经济，处在产业链条的尾端。中国的人才处在世界人才金字塔的低层，我们成了发达国家的"加工车间"，只能通过微薄的利润与人竞争。这种竞争方式一旦成为惯性，结局是非常可怕的，如果只会简单的模仿加工，长期在低端水平竞争，那就只能靠不断压低价格谋生存，直到没有利润为止，于是，价廉质次、偷工减料、假冒伪劣、食品安全、环境污染……这一切就成了我们生活的噩梦。为了降低成本，我们已经牺牲了我们的环境，付出了惨痛的代价。

我们缺少了什么呢？我们缺少的正是艺术中普遍蕴含的创造力！它才是真正的核心竞争力，扼杀孩子们的创造力就是扼杀他们的未来，扼杀我们国家的未来！

改变这一切，就让我们从儿童的阅读开始吧。

好玩的书

丰 楠

▲爸爸给童童（2岁半）读手偶书《有我在，你放心》　丰楠／提供

　　玩是孩子的天性，婴幼儿更多选择用游戏的方式去认识世界。儿童读物中有一类书，同玩具一样有趣，而且能提供比玩具更丰富的知识，这类"好玩的书"为刚接触图书的孩子提供多元的感知体验，通过游戏的方式，引领孩子体会阅读的乐趣。

布书

　　布书（用布做成的书），是专为低龄宝宝设计的，布料采用无毒环保软布制成。与传统纸质童书不同，这类书色彩丰富、柔软舒适，适合宝宝翻阅、拿捏，满足宝宝啃、咬、撕等需要。

《小熊晚安》

（Lullaby and Goodnight）

Halekid 出版。3 个月以上

这是一个可以随身携带的手提包，又是一本可翻页的图画故事。故事描绘了小熊忙碌的一天：起床、刷牙、吃饭、洗澡、睡觉，这些看似简单平常的生活小事却需要小宝宝的参与。小宝宝可以帮小熊刷牙，关上门窗，盖上被子，这种互动在小宝宝眼中是好玩而神奇的，他们会反复动手，逐渐养成规律的生活习惯。

《热带雨林·动物尾巴》

（Rain forest Tails）

Jellycat 出版。3 个月以上

热带雨林里的树干上爬满了大大小小的动物：金色的蟒蛇、彩色的鹦鹉、会笑的

狮子、调皮的小猴子……有趣的是，书的翻口处竟然露出不同形状的尾巴。在亲子阅读中，父母可先引导宝宝通过触摸来猜猜这是什么动物的尾巴，揭晓答案的时候小宝宝一定会大呼过瘾。

有趣好玩的布书还有：拉拉布书的《生活系列·快乐的一天》、Lamaze 的《Peek-A-Boo》等。

触摸书

触摸是宝宝认知世界的主要方式之一，良好的触觉刺激对促进宝宝成长发育很有好处。触摸书让宝宝通过小手的触摸来完成阅读。宝宝对不同材质的触摸与感知，能够激发宝宝探索和认知世界的兴趣，同时通过听觉、视觉、触觉的同步刺激，促进宝宝的大脑发育。

《宝宝摸一摸：哞！哞！》

（Baby Touch: Moo! Moo!）

Ladybird 出版。6 个月以上

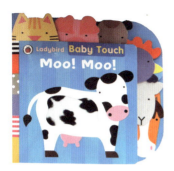

这本英文动物纸板触摸书，充满巧思，每页上有凸起的动物头像，还有用不同材质仿真做的动物皮毛，吸引宝宝触摸：小绵羊摸起来毛茸茸的，小猪的皮肤滑溜溜的……书上配有简单的文字表现动物的叫声，便于宝宝模仿。圆弧形边角可以避免伤到宝宝，厚纸板书装帧还鼓励宝宝自己翻页。

《那不是我的狮子》

（That's not my lion… ）

Usborne 出版。6 个月以上

这是为 0—2 岁的小宝宝设计的认知触摸书，采用小开本、大跨页构图、简单重复的句型，涉及宝宝喜爱的动物和日常生活。好玩的是，它将不同颜色、不同质感的仿真皮毛加入到小狮子的耳朵、头发、手掌、肚子、尾巴中，吸引宝宝伸手触摸，甚至用嘴亲吻。

有趣好玩的触摸书还有：DK 出版的

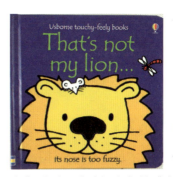

《宝宝认知触摸书 》（Baby Touch and Feel）系列、未来出版社出版的《神奇触摸认知书》系列、乐乐趣出版的《亮丽精美触摸书》系列等。

会发声的书

听觉是宝宝发育最早的一种感觉，给宝宝多样的声音体验，有助于宝宝大脑听觉区域更好地发育。

《你发现了什么？》

（美）艾瑞·卡尔 / 文·图，Pi kids 童书编，江苏教育出版社。2 岁以上

这本构思巧妙的双语发声图画书配置了可以放大 3 倍的放大镜和安全的发声装置，宝宝可以自己拿起放大镜在书中查找信息，放大镜的手柄上设置了 5 个不同图案的动物按键，按相应的按键，就能听到小

动物发出的声音。宝宝可以随着翻页，跟随故事的节奏，开启一段发现之旅。本书作者是著名绘本大师艾瑞·卡尔，《好饿的毛毛虫》的作者。

《和米奇一起当医生》

（美）布鲁克/文，（美）穆德/图，阳光出版社。1 岁以上

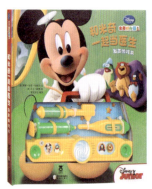

小朋友，你们害怕打针吗？害怕去医院吗？这本发声图画书能帮助小朋友适应医院环境。书中模拟了医院里全套的医疗用具，每款医疗用具都有相对应的声音，并设计特别的情景让宝宝模拟医生的角色。通过角色互换的游戏方式，可以让宝宝逐步意识到医生并不可怕，对医院的环境和功能建立积极认知，从而不畏惧到医院看病。

《小铃铛，你藏在哪里》

（德）萨宾·库拉曼/文，（德）吉塞拉·杜尔/图，二十一世纪出版社。1 岁以上

兔妈妈为防止小兔宝宝走丢，给它配

了一个小铃铛。这样，小兔子走到哪里，小铃铛都会发出声响，就不会和兔妈妈走散了。这部暖意十足的发声图画书选用毛茸茸的耳朵作为封面，每当宝宝摸一下耳朵，就会发出"叮铃铃"的响声。父母可以鼓励宝宝晃动小兔子的耳朵，帮助兔妈妈找寻小兔宝宝。本书是《毛绒玩具发声书》系列中的一本。

有趣好玩的发声书还有：《我身边的声音》系列发声书、《Happy Snappy 立体发声书》等。

有香味的书

嗅觉是宝宝与生俱来的感觉，刚出生的小宝宝就能够对不同的气味产生反应，当他闻到淡淡的奶香或者妈妈的气息，就会转动小脑袋去寻找。嗅觉是人类必不可少的一种感觉，它是婴儿认识外界事物、探索世界奥秘的重要途径。有气味的书不仅能刺激宝宝嗅觉细胞发展，还能激起他

对书的好奇心和注意力，吸引他去阅读。

《来，闻闻大自然的味道》

（法）玛丽·黛罗斯特 / 文，（法）朱莉·诗赫载德 / 图，未来出版社。1 岁以上

随着书页缓缓翻开，淡淡的花香、清凉的薄荷叶、浓浓的肉桂味扑鼻而来。这本让人爱不释手的嗅觉认知图画书，采用大开本，通过香味油墨和感温油墨等环保工艺，融入多种花草、水果树木等的香味，每当用小手搓一搓凹凸的部位，图画中的气味就会扑鼻而来。

有趣的香味书还有：法国欧瑞安娜·拉勒曼德编著的《世界上最神奇的香味书》。

藏猫猫类的游戏书

藏猫猫是孩子从几个月开始就很喜欢的游戏，很多低幼童书把藏猫猫作为主要内容，忽而蒙上眼睛、忽而打开的方式，

▲圆圆（8 个月）在翻看《猜猜我是谁？》 高爽 / 提供

总是令宝宝欢笑不已，藏猫猫类的游戏书契合了宝宝的内心期待，让他们不禁想立刻翻开书页一探究竟。

《婴儿游戏绘本·藏猫猫》

（日）木村裕一 / 文·图，崔维燕 / 译，接力出版社。6 个月以上

独特的藏页设计使宝宝每次翻页后都有一份意外的惊喜，简单、重复的语言，恰当的阅读节奏，憨态可掬的人物造型，

自然地从小动物过渡到小宝宝自己，满足了宝宝的内心期待。书的最后，作者特别设计了镂空的小圆洞，方便父母与宝宝一起互动游戏。

《小鸡球球，藏猫猫！》

（日）入山智 / 文·图，崔维燕 / 译，湖北美术出版社。6 个月以上

本书讲述了 5 个活泼可爱的小动物藏猫猫的故事。书的特色在于开本的翻页设计：书中的小动物会以自己的方式，随着左右书页的打开，用手蒙住脸，小鸡球球用毛茸茸的小翅膀捂住了脸，小刺猬用圆乎乎的小屁股捂住了脸……最后轮到大象，大象会用什么捂住脸呢？本书通过游戏的方式激发宝宝的兴趣，如此巧妙的开本设计非常符合宝宝一探到底的内心期待。

本类好玩的书还有：日本作家五味太郎的《藏猫猫，藏猫猫》，Scholastic 出版的《大红狗系列·藏猫猫》。

翻翻书

翻翻书注重细节设置，书中巧妙的折页设计可以激发宝宝的好奇心，吸引他们去翻看、探索、猜测和触摸，里面往往藏着一个惊喜或秘密，就像藏猫猫一样有趣，同时也能培养宝宝的观察能力和动手能力。

《亲爱的动物园》

（英）罗德·坎贝尔 / 著，李树 / 译，二十一世纪出版社。10 个月以上

动物园为小朋友寄送礼物（各种动物），不是所有动物都能够装进包裹里的，比如，长脖子的长颈鹿或者凶猛的大狮子，这该怎么办呢？这本翻翻书巧妙地把包裹设计成不同形状的小折页，动物们被装在各式各样的包裹里，小朋友可以通过向上、向下、左右折叠等方式，打开一个又一个送来的礼物。孩子们乐此不疲地掀啊，翻啊，还有什么比拆礼物更开心的呢？

《水果蔬菜的故事》

（法）吉拉德 / 文·图，孙羽 / 译，中国轻工业出版社。10 个月以上

与传统的翻翻书不同，本书采用了大开本的版式布局，强烈的视觉冲击为宝宝带来身临其境的阅读体验。作者用彩铅不厌其烦地描绘了 40 种丰富而逼真的蔬菜水果。装帧精美，构思巧妙，可以掀开小折页，轻松剥开水果蔬菜的外皮，让宝宝了解食物内部结构，是一本让宝宝爱不释手的认知类翻翻书。

好玩的翻翻书还有：信谊出版的《小宝宝翻翻书》系列、英国尤斯伯恩出版公司编的《看里面》（低幼版）、卡伦·卡茨的《0—3 岁行为养成翻翻书》等。

推拉书

对于低幼宝宝来说，他们认知和探索世界的方式还处于感知运动阶段，什么东西都想摸一摸、碰一碰。推拉书符合低幼宝宝的认知发展特点，宝宝通过"一推一拉"这样力所能及的简单动作，就能让图书与自己互动起来，让宝宝好有阅读成就感啊。

《我长大了》

宗玉印 / 文，陈丽雅 / 图，北京联合出版公司。1 岁以上

用第一人称的叙述方式讲述生物的生长过程，语言押韵，画风自然，推拉页的独特设计便于小宝宝推拉操作。只需轻轻地拉动箭头，书中的生物立刻动了起来，父母可以握着宝宝的小手，按照箭头的方向，向下拉动或者反向推动，感受生物的成长过程。这本好玩的推拉书，以互动游戏的方式回答了宝宝对于生命起源的发问，适合亲子阅读。

有趣好玩的推拉书还有：二十一世纪出版社的《冰冰和波波》系列，接力出版社的《宝宝最爱的汽车推拉书》等。

手偶书

手偶书是亲子互动阅读的绝佳道具，手偶的设计可以训练宝宝手、眼、脑的协调能力，锻炼宝宝手部小肌肉群，还可以

让宝宝在亲子表演中拓展思维，开启想象力，爱上阅读。

《有我在，你放心》

西安曲江培豪出版传媒有限公司 / 编，西安出版社。10 个月以上

本书是《我们来表演系列绘本》中的一本，故事的主人公是恐龙吉尔，作者巧妙地将恐龙吉尔设计为可爱的手偶造型，生动地展现了吉尔的成长经历和生活趣事。更重要的是，宝宝可以跟吉尔握手，可以摸吉尔的小舌头，还可以亲自带上手偶，同父母一起讲故事，做游戏，表演手偶剧。

《手偶书动物农场》

（Old Macdonald: A Hand Puppet Board Book）

Scholastic 出版。10 个月以上

这本英文手偶书可以在手掌上为宝宝讲故事，手套是绒布做的，小动物可以戴在手指上，手掌中间是一本小小的书。故事根据

著名的英文儿歌《老麦克唐纳有个农场》改编而成，书里布满了生活在农场的小动物和简单有趣的英文，小宝宝可以模仿小动物的声音，同爸爸妈妈一起边玩边唱。

有趣好玩的手偶书还有：未来出版社出版的《聪明宝贝互动手偶书系列》等。

洞洞书

低幼宝宝对孔、洞等有着特别的兴趣。手指抠一抠、捅一捅就能激发宝宝无限的探索乐趣。"洞洞书"中的洞洞能很好地满足孩子的探索欲，还能促进宝宝的小肌肉群、精细动作及手眼协调能力的发展。

《好饿的毛毛虫》

（美）艾瑞·卡尔 / 文·图，明天出版社。1 岁以上

毛毛虫吃过的食物都留下一个个小洞洞,宝宝一定会忍不住地将小手指放进洞洞里试一试,这样的设计令人耳目一新,也满足了宝宝对洞的探索欲。宝宝还可以通过这本书认识食物、数字、星期,还有毛毛虫的成长规律。

《走开,绿色大怪物!》

(美)爱德华·恩贝尔利/文·图,余治莹/译,河北教育出版社。1岁以上

无论小男孩还是小女孩,都会被这只看似可怕又可笑的大怪物深深吸引。大怪物长得是什么样子呢?随着小朋友的翻页逐步增加,大怪物的脸逐渐丰富,变得越来越可怕,可越往后翻页,只要小朋友说一声"走开",大怪物就一点点消失了。本书被誉为百玩不厌的奇妙挖洞玩具书,采用挖洞的手法,将书页设计成前一页与后一页

间图形的叠加,通过游戏的方式帮助孩子战胜内心对怪物的恐惧,也是一部有关勇气构建的成长图画书。

好玩的洞洞书还有:法国作家埃尔维·杜莱的作品《洞》、美国作家西姆斯·塔贝克的《有个老婆婆吞了一只苍蝇》等。

立体书

相对传统的平面书而言,立体书创造了三维立体的空间,通过书页展开的立体造型,激发儿童对书的喜爱,满足儿童动

▲甜丁儿和小伊莎在翻看立体书《聪明的鳄鱼》 杜桂玲/摄

手探索的需求，有利于培养儿童的动手能力和空间想象力。

《噼里啪啦立体玩具书》

（日）齐藤幸一/文，童公佳/图，崔维燕/译，二十一世纪出版社。6个月以上

谁的鼻子最长？谁跳得最远？这套互动好玩的立体翻翻书贴近宝宝日常生活，小宝宝只需要简单地翻、折、推、拉，就可以变出立体的造型。

《爱丽丝漫游奇境》（世界经典立体书珍藏版）

（英）刘易斯·卡洛尔/文，（美）罗伯特·萨布达/设计，未来出版社。2岁以上

这部作品几乎涵盖了所有立体书的精湛技法，设计者用跨页的纸模表现场景的宏大，类似手风琴的百折结

构设计，将书本向上提拉时，会出现多层镂空图片构成的隧道，形成了爱丽丝坠入深邃谷底的视觉效果。随着翻页，读者犹如一名出色的魔术师，忽而变出立体的房屋，忽而变出一张张跳到空中的纸牌士兵……这种三维的视觉体验十分吸引儿童。

有趣好玩的立体书还有：《喵喵和吱吱：趣味认知立体书》《Happy Snappy 神奇立体书系列》《趣味科普立体书》系列等。

胶片书

胶片书采用透明胶片双面绘画印刷技术，透过胶片，会产生神奇而截然不同的视觉效果。胶片书能启发孩子的好奇心，锻炼观察力，培养孩子发现问题、解决问

题的能力。

《第一次发现丛书》

法国伽利玛少儿出版社/编，接力出版社。2岁以上

这套法国经典科普胶片书，一经出版便获得多项国际大奖，受到全世界儿童的喜爱。作品采用透明的双面胶片印刷技术，多角度地展示了植物、动物、天文地理等多个学科领域的概念和原理。其中，"手电筒系列"巧妙地将一张纸质的手电筒变身为具备探索功能的望远镜，小朋友可以在透明胶片及黑色书页之间探索未知的世界。

《小猎人》

（法）阿德里安·帕朗热/著，魏舒/译，新星出版社。2岁以上

故事讲述了一个对大自然充满好奇的男孩找寻小猎人的奇趣故事，是一部构思

巧妙的胶片图画书。作者将故事与游戏做了巧妙结合，在第一页小纸袋里提供了一张印有男孩头像的胶片卡，小朋友需要根据文字提示，把这张胶片卡移动到图画的合适位置，当胶片放置到正确位置时，胶片中会出现不同的影像和找寻男孩的线索。只有在读者的主动探索和协助下，都市男孩才有可能找到心中的好朋友——小猎人。

有趣的胶片书还有：科学普及出版社的《小手电系列》、二十一世纪出版社的《恐龙快递》等。

亲子阅读是父母陪伴孩子成长的重要方式，但孩子并非天生就喜欢书。对于低龄宝宝来说，父母为他们提供好玩的书非常重要。与好玩的书一起游戏、探索，宝贝会很自然地爱上阅读。

与日常生活有关的童书

吴洪珺

▲妈妈给安安（3岁5个月）读绘本《和甘伯伯去兜风》 吴洪珺 / 提供

对于低幼宝宝来说，成人觉得不值一提的吃喝拉撒等生活琐事，却是他们最为重要的成长必修课。养成良好的生活习惯，不仅对他们今后的生活、学习和事业都至关重要，也是帮他们建立自信心、形成良好自我概念的第一步。可对许多新手父母来说，让宝宝学会这些"小事"实在不那么容易，说道理显然是行不通的，威胁恐吓更是不可

以。别担心，亲子阅读可以来帮忙。

根据皮亚杰的认知发展理论，0—2岁小宝宝的认知方式处于感知运动阶段，主要是靠感知觉和身体运动来认识世界；而2岁到6、7岁的儿童则处于前运算阶段，他们能理解简单的语言，主要运用表象来进行认知活动。低幼儿童的生活经验十分有限，那些以日常生活为主题的绘本由于反

映了他们熟悉的生活，总是特别受到小宝贝的喜爱。优秀的低幼绘本常常情节简单而有趣，符合小宝贝的认知和理解能力；画面简洁而生动，适合他们的视觉发展特点；语言重复且富有韵律，能够促进他们语言能力的发展。本篇就将根据不同的日常生活主题，为大家分类推荐相关绘本。当然，我们并不提倡拿绘本当药方，而是希望宝宝在享受美好亲子阅读时光的同时，也能从故事中汲取经验与能量，帮助他们更顺利地成长。

▲ 兜兜（1 岁）开始学习独立就餐　兜兜爸／摄

宝宝爱吃饭

父母都希望给宝宝提供营养健康的饮食，但吃饭却成为许多家长十分头疼的问题。到底应该怎样引导孩子从小建立良好的饮食习惯呢？在低幼绘本中，吃这个话题也非常受到宝宝的欢迎。

① 宝宝学吃饭

刚开始学习自己吃饭的宝宝经常洒得手上、身上、桌上、地上，到处都是。家长此时要对孩子多加鼓励，而不是怕他弄脏，同时也要在宝宝需要的时候给予他适当的引导和帮助。和宝宝一起读《婴儿游

▲ 果果（1 岁 10 个月）在阅读《婴儿游戏绘本·我吃啦！》
倪继利／摄

戏绘本·我吃啦！》，可以让宝宝在有趣的亲子互动阅读过程中自然地学习正确的吃饭行为，并养成不挑食的好习惯。

此类绘本还可以选择：《喝汤喽，擦一擦》《小狮子可可绘本系列·用餐礼仪》。

② 挑食的宝宝

《我绝对绝对不吃番茄》可以说是对

付挑食宝贝的经典绘本，妹妹劳拉非常挑食，好多蔬菜她都不爱吃，而且绝对绝对不吃番茄！可是聪明耐心的哥哥查理充分发挥想象力，让妹妹不知不觉爱上了蔬菜。家长换一种方法和心态，许多育儿难题也许就可以迎刃而解了。

此类绘本还可以选择：《美味的朋友》系列、《吃掉你的豌豆》。

③ 贪吃的宝宝

碰到自己爱吃的东西就一定要吃个够，尤其是爸爸妈妈反对的不健康食品。如果你家宝宝也有这个问题，请给他讲讲《肚子里有个火车站》。这本独具创意的绘本以

一种有趣的方式让孩子了解自己的消化系统，从而帮助他们养成健康的饮食习惯。

此类绘本还可以选择：《汉堡男孩》《好饿的毛毛虫》《好饿的小蛇》。

④ 一起做美食

让孩子参与到烹饪过程中来，也是提

高孩子食欲的一个好办法。由日本绘本大师林明子创作的《第一次做面包》生动细致地描绘了三个小姐弟自己做面包的故事。读完这本书，如果能和孩子一起按书中的步骤做一次面包，一定有趣极了！

此类绘本还可以选择：《妈妈，买绿豆！》《爷爷的肉丸子汤》《爸爸烤的苹果派》。

睡吧，小宝贝

营养健康的饮食对孩子的成长发育十分重要，良好的睡眠同样不可或缺。孩子在

童年时期缺乏睡眠会阻碍神经系统的发育，从小培养孩子良好的睡眠模式会让孩子受益一生。关于睡觉的绘本也有很多。

1 睡不着

　　早过了上床时间就是不睡，每天晚上都要催促无数遍才能躺下来。不按时睡觉，这是家长经常抱怨的问题，如何让闹腾的孩子安静下来？爸爸妈妈可以给宝贝读一读《晚安，月亮》这本经典的睡前故事。

让孩子学一学故事中的小兔子，睡前和房间里的每样东西说晚安，一直到意识慢慢模糊……

　　此类绘本还可以选择：《当我想睡的时候》《睡觉去，小怪物！》《你醒了吗？》《晚安，小熊》《不睡觉世界冠军》。

2 长大自己睡

　　分床睡是孩子成长过程中必须经历的一个阶段，当孩子刚开始独立睡时，会有各种各样的不适应，怕黑当然是一个普遍的问题，就像《你睡不着吗？》中的小小熊一样，大大熊是怎样来安抚他的呢？这个故事也能让家长在育儿过程中增加许多

宽容和耐心。

　　此类绘本还可以选择：《小老鼠的漫长一夜》《小快活卡由·幼儿逆反期行为管理贴心故事：我能自己睡觉啦》。

3 梦是什么？

　　梦是怎么回事？人为什么会做梦？当孩子做噩梦的时候，家长要怎样给他解释？《生活微百科·做梦》这本原创绘本值得推荐，作者用幽默简洁的笔调，将关于做梦的知识介绍给孩子，带孩子走进神秘的"造梦工房"。

　　此类绘本还可以选择：《梦的守护者》《小身体大学问·我的美梦》。

自己上厕所

　　关于"屎尿屁"这类不登大雅之堂的话题，孩子们却乐此不疲。这是因为2—3岁的幼儿正处于"肛门期"，这个时期的幼儿特别关注与大小便有关的活动。弗洛

伊德认为在这一阶段，如果父母能配合幼儿的自我控制能力来训练孩子上厕所，良好的习惯可以因而建立，但如果训练过严，与儿童发生冲突，则可能对孩子的性格产生不好的影响。家长应该用轻松游戏的方式对孩子进行如厕训练，而这一类话题的绘本常常能让孩子们捧腹大笑。

① 学习坐马桶

宝宝有便便了，能告诉大人，但最好是能自己去厕所，当孩子学会了这件事，家长该有多么欣慰！

"嘟嘟叭叭，我要拉屁屁。""使劲，嗯——""唔——拉出来了！""拉完屁屁，要擦屁股，还要用水冲……"

《噼里啪啦·我要拉屁屁》用生动的语言、热闹的场面、有趣的翻翻书设计，让孩子们在游戏的过程中学习有便便时该怎么办。

此类绘本还可以选择：《米米坐马桶》《马桶小王国系列绘本·小国王，请上马桶宝座！》《开心宝宝亲子游戏绘本·一起拉屁屁》。

② 尿床尿裤子

尿床或尿裤子，对于刚脱掉纸尿裤的宝贝来说，是一件再正常不过的事儿，但有些孩子因为大人的缘故，会以为尿床或

尿裤子就是犯错了。到底是不是这样呢？《小猫当当·哎呀，尿床了》把简单的道理恰当地融入故事当中，让孩子轻松看待尿床，也让家长能正确处理孩子的"尿床或尿裤子事件"。

此类绘本还可以选择：《波西和皮普：尿裤子》《尿床大神》《小熊宝宝绘本·尿床了》《淘气宝宝系列·小鼹鼠尿床》。

③ 有趣的屎尿屁科普

《是谁嗯嗯在我的头上》让宝宝学会了一个替代大便的有趣暗号——"嗯嗯"，是不是非常形象？这本经典的科普绘本还让宝宝了解到，原来动物们的便便长得不一样。

《尿尿》也是一本德国的绘本，让爸爸妈妈能够轻松应对刚刚对性别产生朦胧意

识的小宝贝。

此类绘本还可以选择：《嗯嗯太郎》《可爱的身体·拉便便，真舒服》《小身体大学问·我想尿尿》。

爱护小乳牙

从 2 岁到 2 岁半，父母就应该手把手地开始教宝宝用牙刷刷牙了，大约 3 岁左右，宝宝便可以自己刷牙了。但是要让宝宝坚持每天按时乖乖地刷牙，可不是件容易的事儿，家长常常要使出浑身解数。当你觉得无计可施时，不妨先讲个故事缓和一下气氛吧。

① 宝宝学刷牙

不仅宝宝要爱护牙齿，《小熊宝宝绘本·刷牙》中的小动物们也喜欢刷牙。刷牙需要哪些工具？分为哪几步？"唰、唰、唰""咕噜、咕噜、咕噜""嗯——噗！"原来刷牙这么有趣！孩子天生爱模仿，听完故事，肯定忍不住也要拿起自己的小牙刷呢。

此类绘本还可以选择：《婴儿游戏绘本·刷牙啦！》《噼里啪啦·我去刷牙》。

② 牙坏了怎么办？

关于看牙医的绘本，《鳄鱼怕怕 牙医怕怕》当然是要首先推荐的，因为它实在是太经典了！鳄鱼和牙医说的话虽一模一样，却生动地体现了两个角色完全不同的心情。

"所以，我一定不要忘记刷牙"，最后这句话，孩子们一定会印象深刻。简单的角色和情节，再准备一些小道具，就可以和孩子在家或者幼儿园表演一个绘本剧啦。

此类绘本还可以选择：《小熊不刷牙》《老鼠牙医——地嗖头》《河马牙医笑一笑》。

③ 牙齿科普绘本

"宝宝，如果你不好好刷牙，牙齿就会被蛀掉，我们就得去看牙医啦……"

当宝宝不刷牙时，你有没有这么"吓唬"过他？可是为什么要刷牙？蛀掉牙齿的到底是什么样的"坏蛋"？它们怎么会住在我的牙齿里？宝宝的脑袋里没准有许多小问号，如果爸爸妈妈没有办法给他解

释清楚，就给他讲讲《牙齿大街的新鲜事》这本科普绘本，读完之后，宝贝们还能让"小坏蛋"在自己的牙齿里盖房子吗？

此类绘本还可以选择：《加古里子的牙齿科学绘本》系列、《加古里子的身体科学绘本·牙细菌大冒险》。

宝宝爱洗澡

有些宝宝每天洗澡都得妈妈催促无数遍，给他洗个澡还真要全家出动呢。但也有些宝宝洗起澡来就没个完，哗啦哗啦打水仗，水都凉了也不出来。你家宝宝属于哪一种？

1 洗澡 ABC

放好热水，拿好玩具，阿鳄要洗澡啦！

一边泡澡一边游戏，洗澡真有趣，泡暖了，洗好了，用大毛巾擦一擦，再喝一大杯水补充水分，鳄鱼阿鳄真是太爱

洗澡了。让宝贝一边听故事一边学会怎样洗澡。

此类绘本还可以选择：《小熊宝宝绘本·洗澡》《0—3岁小宝贝成长图画书·小手翻翻书：一起洗澡吧》。

2 洗澡真有趣

洗澡只是洗澡吗？对于很多孩子来说，洗澡可比大人想象的要有趣多了。就像《我爱洗澡》里的小男孩阿真，每次洗澡都是一次让人兴奋的想象之旅，就连大海龟、

企鹅、海狗、河马，甚至鲸鱼都跑到浴室里来了。

此类绘本还可以选择：《看，脱光光了！》《洗澡啦！》《动物洗澡》。

3 我不要洗澡

不喜欢洗澡的宝贝也有不少，或者是因为别的还没玩够，或者是怕水迷了眼，总之每次洗澡都像一番战斗。就像《好脏的哈利》中那只有黑点的白狗，他什么都爱，就是不爱洗澡。对于孩子们来说，顽皮的哈利就像是他们自己。但是不爱洗澡的哈利也有盼望洗澡的一天，到底是怎

回事呢？这只可爱的小狗绝对能得到孩子的喜爱。

此类绘本还可以选择：《喝洗澡水的大怪物》《小鼠米克快乐成长绘本·我不洗澡，就不》。

宝宝生病了

生病是宝宝成长过程中必然会有的经历，即便健健康康的孩子，也需要定期体检打预防针。在医院里哭天抢地的孩子可真不少见，爸爸妈妈要怎样缓解孩子的恐惧心理呢？

1 生病不害怕

如果读过绘本《第五个》，家长也许就

不会呵斥孩子对医院和医生的抗拒了，因为他们真的很害怕。而孩子在读过这个故事后，也会找到认同感——原来有人和我的感受是一样的！最后，他

▶ 安安（3 岁）受伤时读绘本《米菲在糖果乐园》　吴洪珺／提供

们会发现，虽然等待的过程让人忐忑，但其实等待的事情或人并没有想象中的那么可怕。在亲子阅读过程中增加一些互动，让孩子猜猜接下来会发生什么，会更加吸引他们的注意力，同时也会让宝贝学到简单的减法。

此类绘本还可以选择：《米菲绘本系列·米菲住院》《宝贝计划·我能行（第三辑）：托德去体检》《米尼狼系列·生病了　不害怕》。

2 生病也挺好？

大部分孩子是害怕去医院的，但有些孩子却想生病，因为生病的时候会得到很多关爱，还有一些平时不能享受的小特权。就像玛德琳这个淘气的小女孩，有一天半夜，她因得了急性阑尾炎而住了院。她的同伴去看望她时，

被满屋子的玩具和糖果吸引住了，最令人吃惊的是玛德琳肚子上的伤疤，竟惹得十一个小姑娘都想做阑尾炎手术！给宝贝讲讲这本《玛德琳》，相信他在生病的时候也会积极乐观。

此类绘本还可以选择：《阿莫的生病日》《卡斯波和丽莎·丽莎生病了》。

❸ 关于健康的科学绘本

告诉孩子关于健康的科学知识，会减

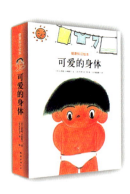

轻他们对生病的恐惧，并学会爱护自己的身体。绘本《可爱的身体》系列利用生动活泼的图画和语言轻松地让孩子了解身体的奥秘，而且每本书后的拓展阅读"给妈妈的话"，为妈妈们进一步解答孩子的疑惑提供了科学的依据和答案。

此类绘本还可以选择：《身体有个小秘密》系列、《加古里子的身体科学绘本》系列。

自己穿衣服

成功不仅需要智慧、财富、运气，还取决于一个非常重要的因素，就是自我效能感。"自我效能感"是美国心理学家班杜拉提出的一个概念，它是指一个人对自己能否完成一件事的自信程度。自我效能感高的人对自己有更高的期望，遇到困难时也更加积极乐观，更善于发挥自己的智慧和才能。自我效能感是可以培养的，家长应该经常鼓励孩子做力所能及的事，并从中体验成功的喜悦，提高他的自主性和自理能力，比如让孩子学着自己穿衣服。

两岁半的小男孩阿立开始自己学穿裤子了，他希望能和大人一样，双手提着裤腰、抬起一脚……可是每次他才提起一只

脚，就站不稳跌倒了……后来发生了什么？阿立究竟学会穿裤子了吗？绘本《阿立会穿裤子了》生动地描绘了小宝宝成长

中的一件"不平常"的小事，并捕捉到了低幼儿童能领会的幽默，宝贝们在欢笑的同时，一定也会迫不及待地证明自己也会穿裤子了。

此类绘本还可以选择：《阿波林的小世界·穿衣服》《熊多多成长绘本·我会自己穿衣服》《幼幼成长图画书·小手手，出来了》。

从小学收拾

2—4岁是宝宝秩序感形成的敏感期，此时如果能让宝宝生活在整洁有序的环境中，他们就能更好地适应环境。处于秩序敏感期的孩子，家长可以引导他们自己收拾玩具和日用品，这能帮助孩子形成良好的习惯，对他们今后的学习、生活和工作都有益处。但是如何才能让宝宝学会自己收拾玩具呢？家长常常觉得很棘手。其实，如果我们能把收拾变成一个好玩的游戏，孩子们就会乐于去做了。

① 宝宝学收拾

在绘本《和英童书·成长系列：米米学收拾》里，米米就像我们的孩子一样，有很多很多的玩具，她的玩具到处都是，结果经常被玩具绊倒。米米的妈妈是怎么做

的呢？作者透过轻松逗趣的故事，巧妙地引领宝宝学会把玩具送回家。

此类绘本还可以选择：《贝贝熊系列丛书·凌乱的房间》《歪歪兔行为习惯系列互动图画书·玩具不玩送回家！》《凯蒂猫拥抱爱早教绘本·我爱整洁》。

② 玩具太多了！

玩具太多，是许多家长头疼的问题。也许你觉得破旧的玩具孩子早就不玩了，也许你觉得那么多小汽车、布娃娃都差不多，

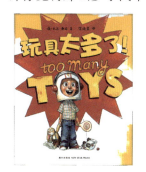

但对于孩子来说，可能每一件玩具都有它特殊的意义。就像在大卫·香农创作的《玩具太多了！》中，赛赛的玩具太多了，有一天妈妈终于受不了了，要让赛赛丢掉一些玩具。可是，每个玩具都是他的最爱，怎么办？绘本常常能让家长理解孩子的内心，尊重孩子的想法。

此类绘本还可以选择：《亚瑟有点烦

系列·亚瑟，收拾房间！》《不要和青蛙跳绳》。

过生日

孩子的成长过程中需要有仪式感，这些仪式能让他们感受生活的意义，而过生日就是孩子们特别期盼的一种仪式。过生日并不需要多奢侈，而是要用心、用爱，这些温暖的回忆能够让孩子更加自信和乐观。

① **宝贝，生日快乐**

小兔米菲绝对算得上绘本界的大明星，荷兰插画大师迪克·布鲁纳创作的小兔子米菲形象十分经典，特别符合低幼宝宝的心理发展特点，小开本也方便宝宝翻看。在《米菲过生日》一册中，宝宝和米菲一起感

受过生日的快乐，并学会感恩。爸爸妈妈也会在亲子阅读的过程中有所感悟——真诚的陪伴，比昂贵的生日礼物和奢华的生日派对更为重要。

此类绘本还可以选择：《I LOVE 系列·我爱生日》《小兔汤姆系列·汤姆的生日》。

② **给别人过生日**

爸爸的生日要到了，小玻要给爸爸烤一个漂亮的生日蛋糕。面粉、黄油、鸡蛋、巧克力、奶酪，一样都不能少。小玻最后

烤出来的生日蛋糕会是什么样的呢？读完《小玻系列翻翻书·小玻给爸爸烤生日蛋糕》后，也带着宝宝给家人、同学或好朋友过生日，最好是自己动手准备一份生日礼物，让宝宝学会关心他人，并感受付出的快乐。

此类绘本还可以选择：《可爱的鼠小弟系列·鼠小弟的生日》《月亮，生日快乐》。

读万卷书，行万里路

"亲子游"如今已成为一种潮流，越来越受到年轻父母的重视，爸爸妈妈都认为带着孩子多出去走走、看看，是增长见识、扩大眼界、磨炼性格的一种很好的方法。"读万卷书，行万里路"，如果我们的孩子既爱阅读，也爱远足，那么他的生活一定也会十分精彩。

① **出去走走**

多带孩子出去走走，可以去很远的地

方旅行，也可以只是在附近的公园野餐。就像《14 只老鼠去春游》中的老鼠一家。春天到了，爷爷奶奶爸爸妈妈带着 10 只小老鼠去郊外春游。出发前要做哪些准备？它们在大森林里看到了什么？又发生了哪些有趣的事？这本趣味盎然的绘本一定会带给孩子身临其境的感受。岩村和朗创作的《14 只老鼠》系列融合了亲情之爱和自然之美，画面丰富多彩、细腻唯美，可以让孩子们去细细观察，反复体味。孩子们还能在有趣的互动阅读中不知不觉学会了数字 1—10。

此类绘本还可以选择：《古利和古拉去远足》《跟着姥姥去遛弯儿》。

2 旅行中的成长

旅行，不只是游山玩水，也能够开阔视野、增长见识、磨炼性格，让孩子在旅途中获得成长。在绘本《跟着线走　环游世界》中，孩子们跟随一根神奇的线，一路乘公车，坐轮船，走过肯尼亚、格陵兰岛、撒哈拉沙漠、亚马孙热带雨林……将世界各地的风情尽收眼底。

此类绘本还可以选择：《老糖夫妇去旅行》《旅之绘本》《小皮斯凯的第一次旅行》。

学习社会规则

对幼儿进行社会性教育，对培养宝宝的健全人格有重要作用，这关系孩子一生的发展。对低幼儿童来说，家庭教育是主要的，爸爸妈妈的榜样作用十分重要。同时，通过游戏、亲子阅读等方式，也能让孩子轻松快乐地学习社会规则，提高社会技能。

1 主动问好和回答

"我家宝宝不喜欢和人打招呼，别人叫他也不说话。"爸爸妈妈都希望宝宝在外面聪明乖巧、人见人爱，这样家长就会很有面子。但实际情况却是，很多孩子并不吃这套。于是，有些家长就开始给孩子贴标签，"你怎么这么不礼貌啊！"殊不知幼儿的社会技能发展也是要一步一步来的，强迫、批评都不是好办法。

《喂——哎——》是特别适合 0—2 岁小宝宝的绘本，小动物们依次呼唤着自己的朋友。首先，是一只蚂蚁喊了一声"喂——"，蝴蝶在下一页开心地回答"哎——"；然后，蝴蝶又喊了一声"喂——"，青蛙在下一页回答"哎——"……

爸爸妈妈在给宝宝讲这个故事的时候也和他玩"喂——哎——"的游戏，宝贝会觉得十分有趣，同时，也不知不觉地学会了要快乐地回应别人的问候。

此类绘本还可以选择：《噼里啪啦·你好》《小鸡球球成长绘本系列·谢谢啦！》《美丽星期五》。

② 学会排队和等待

让孩子学会排队、等待，不仅是礼仪的问题，还关系孩子的个性培养。儿童心理学研究发现，能够"延迟满足"的孩子在今后能更坚持、更有自制力，因此也更有可能成功。延迟满足正是从小慢慢培养起来的，不加塞、不插队，是培养宝宝延迟满足的主要途径之一。

《小熊宝宝绘本·排好队，一个接一个》中的小动物们也一起玩游戏，好玩的游戏可真多，有滑梯、荡秋千、骑木马、开火车……都是大家爱玩的，那怎么办呢？没关系，排好队，一个接一个，谁都能玩到。不用说教，孩子们听着故事就知道以后该如何解决这种矛盾了。

此类绘本还可以选择：《小象帕欧交往启蒙图画书》《小熊满满成长绘本·等一等》。

③ 公共场合勿喧闹

宝宝两三岁时，由于自我意识的发展可能会变得非常以自我为中心，而不太会考虑别人的想法和感受，所以他可能会不顾场合，高兴的时候就哈哈大笑，生气的时候就哇哇哭闹，这很常见。家长一方面要了解婴幼儿的心理发展特点，不要严厉批评、限制，同时也要在平时用适当的方式来引导，让宝宝明白在什么样的场合应该保持安静。

绘本《图书馆狮子》讲述了一只狮子在图书馆里发生的故事，让孩子了解到，图书馆是应该保持安静的地方。给孩子讲完这个故事，可以带他去图书馆、博物馆、美术馆等场馆，让他感受安静的美好。

此类绘本还可以选择：《请安静！图书馆里有只金丝雀》《嘘——轻点儿声》。

爱要大声说出来
——有关亲情友爱的绘本

陈小凡

婴儿一出生，就被爱所包围。婴儿期，这种爱主要是来自家庭内父母、祖父母、兄弟姐妹的关爱。在成长过程中，伴随着社会交往的增加，幼儿还会收获宝贵的友情。在现实生活中，我们成人往往不习惯于直白地表达爱，而习惯于把爱放在心里，通过行动来表达。但是对婴幼儿来说，依恋父母、害怕失去爱，这种忧虑情绪会经常伴随他们。你知道吗？有很多与亲情友爱有关的绘本，能帮助家长安抚孩子的这种担忧——只要照着书读就好。让我们跟着绘本一起，大声说出我们的爱。这不仅能让孩子得到爱的确认，也让我们成人获得很多启发。

▲佳馨（2岁）在图书馆与妈妈共读《猜猜我有多爱你》
倪继利／摄

父母之爱

父母作为孩子最重要的看护人，对帮助孩子构建最初的安全感、形成和谐友爱的家庭氛围、培养良好的交流与沟通能力，都起到至关重要的作用。如何表达父母之爱，如何传递这种亲情温暖，下面几部作品能给爸爸妈妈们一些不错的建议。

《抱抱》

（英）杰兹·阿波罗 / 文·图，上谊编辑部 / 译，明天出版社

小猩猩看到变色龙、蟒蛇、大象、狮子等动物母子之间的拥抱与温情互动，想起了妈妈，难过地号啕大哭。猩猩妈妈亲昵的呼唤与温暖的拥抱，纾解了小猩猩的忧伤。本书用最简单的语言与情节教会小读者如何表达爱。母爱，就是这么简单，是轻柔的呼唤，是一个温柔的眼神，是一个温暖的拥抱。

《我妈妈》

（英）安东尼·布朗 / 文·图，余治莹 / 译，河北教育出版社

孩子眼中的妈妈是什么样的？英国绘本大师安东尼·布朗用温暖的色调与温情的文字为孩子展开一幅幅有关妈妈的美妙联想。妈妈是厨师，是园丁，是仙女……她温柔、她美丽、她强悍……最最重要的是，"我爱她……她也爱我，永远爱我"。这深情的述说与表白，让每一个小读者都能爱上这样的妈妈，也鼓励着每一个妈妈成为孩子心目中的那个"她"。

《我爸爸》

（斯洛文尼亚）莉娜·布拉普 / 文·图，任溶溶 / 译，接力出版社

这是一个温暖快乐的睡前故事，一个关于父亲与儿子亲密关系的甜蜜分享。绘者用鲜艳的大色块以及粗犷的线条，刻画了 13 种动物之间的亲子互动瞬间，呈现了父亲强壮却温柔的形象，勾勒出了深深的父爱。

《爸爸，我要月亮》

（美）艾瑞·卡尔 / 文·图，林良 / 译，明天出版社

不少孩子都有这样一个愿望，"爸爸，你能帮我摘下天上的月亮吗？"小茉莉的爸爸能实现这个愿望吗？作者用天马行空的想象，让父亲完成了女儿由来已久的心

愿。这本书的特别之处还在于通过精巧的折页设计，让孩子体验神奇的空间变化，同时感受父亲的爱。

《有些时候，我特别喜欢爸爸》

（法）阿诺·阿梅哈 / 文，（法）侯邦 / 图，尉迟秀 / 译，明天出版社

本书用充满童趣的语言，跳跃式地讲述了若干个亲密有趣的亲子生活片段。作者用不同动物之间轻松、愉快、温馨的亲子互动，构建了一个完美爸爸的形象——强大的臂膀、温暖的手掌、柔软善良、浓浓的幽默感，让小读者不禁思考同样的问题："什么时候，我特别喜欢爸爸呢？"

与母爱、父爱相关的绘本还有：《朱家故事》《有些时候，我特别喜欢妈妈》《逃家小兔》《猜猜我有多爱你》《我爸爸》（安东尼·布朗）《你看起来好像很好吃》《给爸爸的吻》《古纳什小兔》《美丽星期五》《我永远爱你》（牡丹·刘易斯）等等。

手足之情

除了父母之爱，二胎时代背景下的孩子开始渐渐地体会并感受到久违的手足之情，虽然兄弟姐妹之间会因为物权归属、父母关注、性格差异等问题产生矛盾，但共同成长、快乐分享是多子女家庭的主旋律。因此，如何处理好兄弟姐妹之间的矛盾，如何培养互助友爱的手足之情，成为二胎甚至多子女家庭的爸爸妈妈们最为关心的话题。希望下面的几部绘本能给大家一些灵感。

《跟屁虫》

（日）宫西达也 / 文·图，蒲蒲兰 / 译，二十一世纪出版社

"妹妹是个跟屁虫"，不少哥哥和姐姐都这样形容自己的妹妹弟弟。无论哥哥姐姐做什么事情，弟弟妹妹总要跟着学，然而却总是弄得乱七八糟。"跟屁虫"的绰号

看似反感与无奈，却隐含了哥哥作为兄长的自豪与对妹妹的怜爱。有这样一个"跟屁虫"的妹妹，谁说不是一件快乐的事情呢？

《彼得的椅子》

（美）季兹 / 文·图，孙晴峰 / 译，明天出版社

物权归属问题是许多孩子之间矛盾的根源。彼得就深受这个问题的困扰，原本属于彼得的东西都被爸爸妈妈刷成了粉色，变成了小妹妹的宝贝。当彼得正要离家出走时，他发现要带走的小椅子已经小得坐不下了，这让他意识到了自己的成长。故事中，面对情绪失落的彼得，父母尤为重视沟通技巧，这点也非常值得家长们学习与借鉴。

《小凯的家不一样了》

（英）安东尼·布朗 / 文·图，余治莹 / 译，河北教育出版社

还记得第一次被告知将有一个弟弟或妹妹时的复杂心情吗？安东尼·布朗用超现实主义的表现手法传神地刻画出了一个孩子焦虑不安地等待这种变化的感受。所

有天马行空般的幻想与紧张焦虑在爸爸妈妈开门的那一瞬间融化，温暖的灯光照了进来，照亮了已经昏暗的房间。看着可爱的妹妹，小凯的眉宇间露出了喜爱与关怀。

与手足之情相关的绘本：《我当大哥哥了》《我当大姐姐了》《你们都是我的最爱》《最爱的，是我》《不一样的卡梅拉·我想有个弟弟》等等。

祖辈之亲

除了父母之爱、手足之情，亲情中不可忽略的还有祖辈之亲。爷爷奶奶、姥姥姥爷对孙儿的疼爱之情丝毫不逊于父母，有时甚至更为细腻与绵长。三代同堂的家庭，初为人母、人父的爸爸妈妈们能渐渐体会为人父母的辛劳，能更加体贴并孝顺祖辈，祖辈对孙儿疼爱有加，这种和谐的家庭关系非常有利于孩子情商的培养。下面介绍几部描述祖孙情谊的绘本，供大家参考。

《跟着姥姥去遛弯儿》

保冬妮 / 文，李萌 / 图，新疆青少年出版社

爷爷奶奶对孙辈的疼爱总是离不开美食。一到夏天，姥姥就会带着小妞妞上街遛弯，把老北京的小吃一一品尝。这些与祖辈亲情紧密相连的味道残留在味蕾上，留存在记忆中，浸润了孩子的心田。

《爷爷一定有办法》

（加）菲比·吉尔曼 / 文·图，宋珮 / 译，明天出版社

小约瑟的爷爷总是有办法把旧东西变成新东西，比如小约瑟的小毯子。这条神奇的小毯子在爷爷的手中，变成了小约瑟的外套、背心、领带、手帕、纽扣，最终又成为小约瑟笔下一段奇妙的故事。小约瑟与爷爷深厚的祖孙之情就交织在爷爷一针一线的人生智慧中，流淌在小约瑟的故事里。

《先左脚，再右脚》

（美）汤米·狄波拉 / 文·图，柯倩华 / 译，河北教育出版社

爷爷是巴比最亲密无间的朋友。正是爷爷的耐心教导，才让巴比学会了走路。然而，爷爷突然中风了，不但不能走路，甚至认不出巴比。巴比用爱与信念唤回了爷爷，并让爷爷重新学会了走路。柔和的线条、温暖的色调和温馨的文字，细腻地呈现了祖孙之间深厚的情谊。

与祖辈之亲相关的绘本还有：《我爱爷爷奶奶》《长大做个好爷爷》《魔奇魔奇树》《米菲绘本系列·兔爷爷和兔奶奶》和《米菲绘本系列·亲爱的兔奶奶》等等。

友谊之甜

伴随着孩子活动半径的扩大与社交面的拓展，他们逐渐开始建立并拥有属于自己的友情。如何与小伙伴和谐相处，如何互助友爱，如何解决朋友之间的矛盾，是小朋友学会维护并保持友情的必修之课。希

望以下几部绘本能给家长和小朋友们带来启发。

《南瓜汤》

（英）海伦·库柏/文·图，柯倩华/译，明天出版社

友谊是什么味道？是甜的，咸的，还是苦的？友谊就像是一碗朋友们一起熬出的南瓜汤。作者借助鸭子、猫和松鼠的故事，刻画出了孩子之间最典型的冲突。冲突难以避免，唯有宽容与理解才能化解。

《阿迪和朱莉》

陈致元/文·图，河北少年儿童出版社

兔子和狮子能成为朋友吗？《阿迪和朱莉》给了我们一个答案。兔爸爸教导朱莉化险为夷的生存技能，狮子爸爸训练阿迪捕捉猎物的生存技巧。一个不期而遇的雨天让两个小动物在草原上相遇。意想不到的是，生性胆小的阿迪却与聪明自信的朱莉成为了好朋友。

《小小聪明豆绘本·波西和皮普：滑板车》

（德）阿克塞尔·舍夫勒/文·图，杜晓娜/译，外语教学与研究出版社

波西和皮普是一对好朋友。波西抢走了皮普的滑板车，它不会滑，胆子还特别大，结果从坡上冲下来，撞到石头，摔得膝盖流血了。皮普之前虽然有些生气，但是看到朋友有难，赶紧跑过来帮助波西。然后，波西向皮普道歉和致谢，两个好朋友和好如初。2岁以上的孩子通常喜欢骑滑板车，生活中也有了固定的伙伴，这本书会让他们感觉亲切，阅读一遍又一遍。

与友谊相关的绘本还有：《小蓝与小黄》《我是霸王龙》《我有友情要出租》《有你真好》系列、《阿秋和阿狐》《好朋友》《我的兔子朋友》《红豆与菲比》等等。

希望通过以上的推荐，小朋友能在绘本中重温亲情与友情给予的美好体验，并学会表达爱、传递爱、珍藏爱。

第 **4** 章 ｜ 亲子阅读的方法和技巧

丰楠／摄

怎么安排亲子阅读的时间?

杜桂玲

亲子阅读的时间安排,是一个非常个性化的话题。每个孩子和每个家庭都是不同的,有自己的喜好,有自己的个性,有自己的生活规律。在这里,我们提出一些建议供大家参考,帮助爸爸妈妈找到最适合自己和孩子的亲子阅读时光。

固定时间

我们建议,每天最好有一个固定的亲子阅读的时间,这有助于亲子阅读习惯的养成。开始,可能是父母在固定的时间里坚持给孩子阅读,时间长了,就会变成孩子在固定的时间里大喊着:"爸爸妈妈,讲故事时间到啦!""看书时间到啦!"习惯的养成,自然而然。

那么,什么时间最合适固定呢?比如,睡前时光就很适合亲子阅读。洗漱好的孩子,躺在温暖的床上,翻看着书本,等着爸爸妈妈来讲甜美、有趣的故事,光是想想都觉得很美好。而且,选择合适的绘本在睡前阅读,还有助于安抚孩子的情绪,

帮助孩子顺利入睡,做一个甜美的梦,恢复体力。阅读时间因人而异,15分钟、半个小时甚至更长时间,都是很好的。如果担心孩子需求太大而推迟入睡时间,可以尝试引入"约定原则",比如孩子选两本、父母选一本,慢慢坚持,让亲子阅读与睡眠习惯养成良好结合。

还可以安排在刚刚睡醒后,懒洋洋的孩子,不会那么快地清醒,可以读上几本小书,听听故事,来上十几分钟的亲子阅读,被故事唤醒的孩子会有更好的精神迎接新的一天。

按需提供

对于低龄小宝宝来说,他们还没有入园,在家的时间比较多,亲子阅读的时间可以更自由。比如,喂完奶、洗完澡、午睡前后、公园闲逛、旅行途中等等,甚至是孩子想看书的时候,只要父母有空就可以陪他们读,就像母乳喂养的"按需哺乳"原则,让孩子的爱书之心获得最大满足。

特别时刻

在一些特别的时刻，亲子阅读时间的安排也很重要。比如，略大一些的宝宝遭遇小挫折、情绪低落、百无聊赖的时刻，爸爸妈妈见缝插针地来一段亲子阅读，读几本恰到好处的绘本，孩子可能就像被重新注入了能量，再次活跃起来。

随时随地

亲子阅读不一定要与书同在，很多时候，孩子需要的是父母的陪伴，而不单纯是读书、讲绘本。那么，就需要父母使出百般解数，尽量把绘本故事装在脑袋里，在孩子需要的时候，脱离书本，讲给孩子听。从这个角度来说，不管多大的孩子，亲子阅读，可以随时随地，不受任何限制。

每天五分钟

看了上边这些建议，如果你还是觉得自己太忙，或者仍然不知道该怎么安排时间，那么，来个最简单的办法——每天五分钟。比如，早起出门前、外出游玩回来后、午睡前、晚饭后、晚间入睡前、等飞机时、你和孩子都不知道该干什么的时候……每天给自己一个小小的计划，抽出五分钟的时间，陪孩子读一本书或者读几页，慢慢形成习惯和规律，然后变成每天两个五分钟，每天三个五分钟……从而把亲子阅读的习惯慢慢培养起来。我们都知道那句话：时间就像海绵里的水，挤挤总是有的。亲子阅读就从每天五分钟开始吧！

特别提醒

亲子阅读虽然重要，但绝不是硬性的任务，不必强行追求每天必须要读几次读几本。读书首先应该是快乐的，才可能会被坚持下去，成为习惯。所以，亲子阅读的时间应尽量选择孩子心情较好、爸爸妈妈比较放松的时间进行。父母疲累的时候、孩子困倦的时候都不是好时机哦！

◀ 昶昶（8 个月）亲近图书
禹彬彬／提供

怎样给孩子读书？

邓咏秋

▲ 妈妈给淘淘（3岁半）和盼盼（9个月）读绘本《田鼠阿佛》 耿兴岩／提供

只要你愿意给孩子读书，你和孩子可以发明千万种读书的方法。以下是我总结的一些亲子阅读方法，只作为抛砖引玉，算是给新手妈妈的一点点提示。

① 阅读姿势

2岁以前的孩子，常采用的亲子阅读姿势就是：把孩子抱在怀里，让孩子坐在你的大腿上，一起读书。这时，孩子与我们以同一个视角看过去，感觉着彼此的气息。阅读不仅仅是阅读，对小宝贝来说，更是一种对爱与安全感的确认。

2岁以后，依然可以继续采用这样的姿势。但是有时候，更有主见的孩子会表示，不愿意坐在你怀里，而愿意与你并肩坐着，那样也不错。

② 最好在给孩子读之前，先预读一下这本书

事先预习一下，有利于我们更好地处理亲子阅读时的节奏，以及懂得什么时候该卖个关子。比如，《别让鸽子开巴士！》文字比较少，之前我也没读过，当我第一次读给女儿听时，因为我自己也没弄懂，

所以读出来的效果很不好。后来我仔细看明白后，再读给她听，效果就很好，这成为她反复要求读的一本书。

③ 读出书名

"这本书的名字叫《妈妈，买绿豆！》。"

"我们来读这本书，这本书的名字叫《谁藏起来了》。"

孩子记性很好。在佳馨1岁多的时候，我在亲子阅读时，就让她自己去抱一本书来，她会选择自己喜欢的书。当她抱来时，我故意问她："这本书叫什么名字呀？"她都能正确回答。书名既是一本书的标签，也是对这本书内容最好的概括。孩子知道书名，可以帮助他们将它与其他的书区别出来。

④ 不要忽略每一页，包括环衬、扉页和封底

写给儿童的图画书，相当于送给孩子的一部浓缩的电影。但是一部图画书一般只有二三十页（甚至更短），受篇幅限制，多数作者会有效地利用每一页，包括我们最容易忽略的环衬、扉页和封底。环衬和封底虽然没有字，但是也经常通过图画传

递给我们重要的信息。如《团圆》的环衬就是故事主人公一家床单的颜色，故事的第一句话写在扉页上，而这本书的封底是爸爸在城里做建筑工作的办公桌，桌上有一个小瓶子，里面放着这本书中最重要的一个东西——一枚"好运硬币"！《拔萝卜》（内田莉莎子/译写；佐藤忠良/图）的封面封底连起来是一幅大图，也是这本书的大结局，全家人和小动物们抬着那个拔出来的大萝卜回家去！

让我们一起欣赏图画书的每一页吧，认真读一读环衬、扉页和封底，别辜负了作者的苦心。

⑤ 语气和语调

如果不是睡觉前或在图书馆里，你尽可以大声给孩子读书。如果是睡前阅读，那

么，声音要尽量柔和，可以越来越轻，否则，孩子听兴奋了，不肯睡，就有你受的了。

朗读时，我们可以像演员一样根据不同情境需要来读，有时快，有时慢，有时夸张。在读不同角色时，还可以变着声调给孩子读，更可以邀请全家人一起来扮演不同角色的对话。

当然，除非你是专业播音员或演员，否则，多数人都不谙这一技术，这不要紧！你的孩子是最不嫌弃你的人，即使你学的猫狗狮子老虎叫声很不像，可能比听到逼真的叫声，更能令他哈哈大笑。

❻ 照着书上的文字念，还是改编成自己的语言？

有些书编得好，符合孩子的语言，基本上是不需要改动的，比如《小熊宝宝绘本》系列，照着书念就好。而且正因为每次都照着书念，爸爸、妈妈、奶奶，虽然换了个人读，孩子听到的还是一样的文字，这样的重复，孩子很喜欢，也很容易记住这本书。

但也有些书编得不好，这样，在读的时候，家长可以根据孩子的理解力做一些改动，但也尽量不要太随意、频繁地更改，

以便下次读的时候，孩子还感觉到是同一本书。不断重复是低幼儿童学习的主要方式。

还有些书本身是好书，但是念给较低龄孩子听的时候，考虑到他们能专心听一页的时间不会太长，朗读者可以适当截短文字。比如《古利和古拉》，我们第一次读时是在女儿 19 个月左右，每页的文字相对比较多，我读的时候就尽量缩减。因为小小孩的注意力是有限的，如果全部读下来，她早就不耐烦了。《请安静！图书馆里有只金丝雀》也是一样，对于 1 岁半的孩子来说，有点长，但是那些动物走进图书馆看书的情节十分有趣，很有想象力，正好当时佳馨也有上图书馆的经历，我希望通过这本书让她更爱去图书馆，所以我特地从图书馆借回这本书给她读。我们读的时候把书后面有些页面省略了，效果也挺好的。将来等她大一些，我们还可以更完整地读这本书。

❼ 怎样读图？

对于低龄宝宝来说，读书不是为了识字。适合他们的读物，主要是绘本（即 picture book，又名 "图画书"）。绘本是以图

画为主，即使有文字，通常起的是重点提示和提纲挈领的作用，甚至还有无字书或字数非常少的图画书。阅读绘本时，如果忽略图画，只读文字，显然是本末倒置。

可以说，读图比读文字更重要。图要怎么读？它需要家长带着孩子一边看图，一边演绎。比如无字书，如果不演绎，家长不把自己看到的东西告诉孩子，那么，亲子阅读就无法进行。在读书时，可以指着图画上相应的物体或细节，让孩子把声音、名称与画面结合起来，促进孩子理解。在读完书上简短的文字以后，家长可以引导孩子一起去寻找、发现图画中好玩的地方。演绎时可以用孩子喜欢的语言，用简单重复的句式来阐发，也可以用简短的提问形式。但不要过于啰嗦，更不需要借题发挥和说教，重点是一起体验阅读的乐趣。

记得在佳馨23个月时，我们一起读《好朋友》（小熊宝宝绘本），文字很简短，每页只有一行字，读完这行字后，我没有急着翻页，带着她一起看动物们在泥里玩得很开心的这页画面，我指给她看"这是谁"，"那是谁"，"他在干什么"。突然，佳馨发现了一个细节，她高兴地叫："（小鼹鼠）坐在大象背上！"然后我才发现这一幕的确很好玩。感谢她观察这么仔细，我至今记忆犹新。亲子阅读不仅仅是我们给予孩子爱，孩子也反过来给予我们很多快乐。

当孩子有一定的理解力以后，我们还可以在阅读图画书时，更多地提问。比如孩子学颜色时，可以根据图画书提问："小猪穿着什么颜色的裙子呀？"

孩子学习形状时，可以问："太阳是什么形状的呀？"

孩子很喜欢回答力所能及的问题，当他们答对时，给予一点点语言上的奖励，就能让他们乐开花。比如，"你真棒！""又答对了！""这个你也会啊！"但是不要提他们力所不及的问题，那会让他们沮丧。

⑧ 把主人公换成你家的孩子

孩子喜欢参与。童书是为孩子编写的，这里面有他们熟悉的生活，仿佛就是他们自己的故事。如果家长在朗读时，把主角换成你家孩子的名字，会产生奇妙的效果，孩子会有更好的参与感和现场感。比如我们在读《团圆》时，把小女孩"毛毛"改成"佳馨"；还把《爸爸，我要月亮》里的"小茉莉"也换成了"小佳馨"。当然不是所有的书都可以这样换。

⑨ 不要逼迫孩子把一本书从头读到尾

孩子怎样爱上书的呢？先从一两页开始，然后三四页，然后七八页，然后能看十几页，二三十页……1 岁半以下的孩子，或刚刚开始亲子阅读的孩子，他能专心看书的时间是有限的，所以不要奢望孩子一次把一本书读完，他愿意看几页就看几页，他愿意看哪页就看哪页。你陪伴他、支持他，就好了。

有时孩子读到一半，就不专心了，想去做别的事。这时，不要去拉他回来一次读完这本书。亲子阅读是一件好玩的事，不是一项任务。

孩子都喜欢反复读同一本书，但其实他们每次的关注点并不完全一样，他已经看会的页可能会想要快点翻过去。由他吧，他愿意花时间看的页，他肯定会有新的收获。

⑩ 让孩子参与一起读

反复读过多遍以后，家长可以故意在朗读时，把一句话的最后一个字不读，等孩子帮我们读出来，比如

"小老鼠，上灯——"

"台！"

后来我们就过渡到，我们读前半句，让孩子接后半句：

"小妹小妹别生气，"（我）

"明天带你去看戏。"（孩子）

在读图画书时，我们可以邀请孩子参与，在孩子说话还不多的时候，可以问他"小老鼠在哪里呢？"这时他会指给你看。

当他说话比较多的时候，可以在读的时候故意停一下，如在读《喂——哎——》

时，家长读"来了一只——"

"蝴蝶！"

如果孩子会的话，他会抢着回答，如果他不会，家长再接着读出来也不迟。

两岁以后，可以与孩子玩角色扮演，我和佳馨在她快两岁时，经常读、演《老鹰捉小鸡》这首童谣。

"开开门，"（我）

"你找谁？"（佳馨）

"你家小鸡在不在？"（我）

"我家小鸡不在家。"（佳馨）

……

她23个月时，我们读《喜欢工具的猫和不喜欢工具的猫》，里面有白猫和妈妈打电话一节，她就跟我玩打电话的角色扮演，而且经常是她主动邀请我。她把手放到耳朵上学着打电话的样子。

然后我说："我是白猫。妈妈，你在家吗？"

她说："我在家。"

我说："我明天来看你，好吧？"

她说："好的，孩子，你过来吧。"

最后这一句总是让我一想到，就忍不住想笑，真是十分美好的记忆。

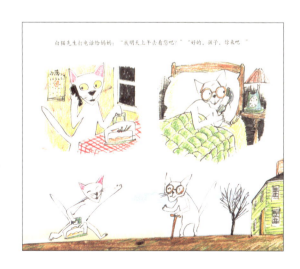

好玩的绘本阅读延伸活动

杜桂玲

▲ 两个小朋友（2岁）参加阅读延伸活动，边唱《小手拍拍》，边指自己的五官　倪继利／摄

陪宝宝读书，不一定要中规中矩地照本宣科，更不必逐字逐句地指读。当我们把阅读变成快乐的游戏，孩子想不被吸引都难！让我们一起来看看，有哪些好玩的绘本阅读延伸活动，能够让亲子阅读更加有趣。

① 绘本可以唱出来

有一种说法认为，由于孩子在胎儿时期便听到、熟悉妈妈的心跳，而押韵的文字与心跳的节奏很相似，所以押韵的文字是早期阅读的最佳选择。在宝贝烦躁或者困倦的时候，爸妈用温柔甜美的声音哼唱的歌谣，就是安抚宝宝的大法宝呢！比如《棕色的熊、棕色的熊，你在看什么？》，这本书的英文版歌谣非常经典，可以跟着唱起来，而中文版则可以读成韵律诗的节奏，一边打着拍子一边读。有个6个月的小宝宝，一听到爸爸唱这首歌，就知道读书时间到了，乖乖地坐在爸爸的怀里等着。此外，《Wee Sing》这样的经典欧美童谣和儿歌集也很适合带着孩子一起唱起来，每本书都配有朗读和歌唱光盘，发音很地道。还有启发绘本馆的《新学堂歌》《小球听民乐》等都是很好的选择，当然，如果可以，这类绘本建议爸爸妈妈先学会了，再唱给孩子听，因为在孩子听起来，爸爸妈妈的声音是最美的！

② 跟着绘本做运动

小宝宝，特别是0—1岁的小宝宝，光是躺在妈妈怀里看书还不够，需要跟着绘本动起来。我们建议妈妈抱着宝宝做观众，爸爸在母子面前把一本书用夸张的动作、生动的语气演出来，妈妈可以带着宝贝一起配合爸爸的动作，让宝宝既能看到爸爸的表演，又能跟着动起来，充分感受到绘本内容的魅力。这样的亲子阅读，一定会让宝宝乐开怀，当然了，爸爸妈妈也会从中获得极大的快乐，这是不言而喻的。这方面可推荐的图书有：《蹦！》《从头动到脚》。大一点的孩子还可以直接跟着绘本动

▲ 两个小女孩跟着《蹦！》做"蹦"的运动
倪继利／摄

起来，比如《蹦蹦跳跳动物操》《可爱动物操》等。

这样的运动，一方面促进了小宝宝的大运动发育，让他们对自己的身体更熟悉；另一方面增加了亲子间的肢体接触，为新手爸妈提供了亲子互动的好方式。

③ 让绘本变成一出戏

常常有家长说：像《猜猜我有多爱你》

《逃家小兔》这么好的书，很多达人推荐，可是我家孩子就是不喜欢，这是怎么回事？很可能是阅读的方式不太对，这类绘本需要爸爸妈妈和宝贝演起来。一只小兔子、一只大兔子，比一比，谁的爱更多，孩子们的想象力常常超乎我们的想象，他们不仅记得书里的内容，还会无限拓展到生活里，甚至延伸到宇宙太空。要小心，孩子们没准儿要你陪着演上几十次几百次哦！

▲ 本文作者在给小朋友讲读《蓝色小卡车》 杜桂玲/提供

比如《老虎来喝下午茶》，可以让孩子们每人做好自己的头饰，邀请大老虎来自己的家里喝茶，保准让大老虎满意而归！比如《蓝色小卡车》，可以让孩子们模仿书里的动物，一起对蓝色小卡车和黄色翻斗车进行成功救援，超级有成就感！爸爸妈妈有没有发现，每个孩子都是过家家的高手呢。在这样一次次的演绎中，我们也许可以上演一场完全属于我们自己的绘本剧呢！

4 跟绘本聊聊天

请注意，这里的聊绘本绝对不是那种看完绘本就跟孩子说"我们是不是不能学这个毛毛虫啊？""小熊这样做应该不应该呀？"……诸如此类超级无趣的说教式话题，而是引导孩子多说说自己对书的理解。比如读完《母鸡萝丝去散步》，可以问问孩子：猜一猜狐狸心里在想什么呢？读完《动物绝对不应该穿衣服》，可以和孩子一起想一想，还有哪些动物不能穿衣服呀？读完《不是所有的动物都是蓝色的》，可以列举一些不同的动物特性来让孩子猜一猜。读《蚂蚁和西瓜》的时候，可以跟孩子一起讨论，蚂蚁们有什么分工呢？读完《田鼠阿佛》，可以请孩子说说如果是他收集了阳光，会拿来做什么？读完《我爸爸》，可以让孩子说说他的爸爸有多厉害。

这里，要特别注意的是，我们陪孩子聊绘本的目的，是为了帮助孩子更好地理解内容，并从中获得快乐，而不是要孩子说出我们心里的答案！

⑤ 走进绘本美术馆

有人说：如果你在家里为孩子购置100 本经典绘本，就相当于一座家庭美术馆。因为很多绘本的画者都是著名的画家，他们采用不同的绘画技巧，运用不同的绘画工具，为我们呈现出瑰丽的色彩、轻柔的线条，更有巧妙的构图。带着孩子看绘本，一方面，我们可以让孩子切实地感受到艺术的魅力，另一方面，还可以鼓励跃跃欲试的涂鸦能手们一起画起来。比如《小蓝和小黄》完全就是色彩的游戏，带着孩子一起做一本《小红和小黄》也不是不可能的哦！《拼拼凑凑的变色龙》也可以让孩子们模仿艾瑞·卡尔先生的创作方式来

▲ 佳馨喜欢和妈妈做手工，她正拿着彩泥做的奶瓶给娃娃喂奶 邓咏秋 / 摄

完成自己的作品。此外，还可以让孩子们直接临摹绘本，孩子们也许画得不像，但是他们笔下的神韵也许会让你大吃一惊呢。

除了临摹绘本，我们还可以运用一些美术材料，让绘本立体起来。比如，我们可以用彩泥把《好饿的毛毛虫》里好吃的东西全部捏出来，来个立体版的"毛毛虫吃吃吃"；《爱讲故事的小鱼儿》可以通过

彩纸剪贴的方式创作一个色彩斑斓的海底世界；《落叶跳舞》就更容易了，秋天里捡上一堆落叶，剪剪贴贴，动物、故事、场景信手拈来；《小泥人》是孩子们的大爱，哪个孩子不痴迷泥巴呢，爸爸妈妈需要的，就是不怕脏的勇气，跟着孩子一起玩泥巴咯。

当孩子的创意一发不可收拾时，也许，我们可以鼓励他们创作自己的绘本，讲自己的故事，选自己喜欢的绘画材料，用自己擅长的绘画方式，做一本专属绘本，不仅是童年的美好记忆，也许，还能得到专业出版社的青睐呢！《想看海的乌龟》就是一本由一群五岁的孩子创作的绘本，其中的作品还曾经摘得第一届艾瑞·卡尔拼贴创意大赛的一等奖"斑斓蝴蝶奖"！

6 绘本与美食相遇

每个小宝宝一出生，除了哭，第二本能就是吃，都是货真价实的小吃货，所以，以吃为主题的绘本深得小朋友们的喜爱，比如《乌鸦面包店》里有一页是各种各样千奇百怪的面包造型，有的小朋友可以对着这一页研究上一个小时呢！爸爸妈妈有没有想过，当我们把绘本上的好吃的真的做出来，小书迷又会是怎样的尖叫惊喜呢！比如，有的妈妈依着《绵羊面包》里的形状，端上来一盘绵羊面包，引得孩子各种崇拜。看完《豆腐哥哥我爱你》之后来一碗豆腐汤，"颤悠悠、颤悠悠"也就跃然桌上了吧！《爷爷的肉丸子汤》，完全可以一边讲故事一边做汤，热腾腾的一锅，邀上几个小客人，一起分享吧！还有的孩子，看完《妈妈，买绿豆！》之后真的带着妈妈去买绿豆回家煮起来！有个两岁的宝宝在餐桌上看到辣椒、黄瓜，于是唱起来：打得黄瓜上下青，打得辣椒满身红，打得茄子一身紫……（《一园青菜成了精》）这样的阅读，已经不仅仅是心灵的大餐了，而是舌尖上的绘本华丽上演了！

写在后面：绘本是个大宝藏，与绘本相关联的延伸活动有很多种，但是有一点我想强调，所有的这些游戏也好，手工也好，并不是说带孩子玩玩，让孩子开心这么简单，而是要通过这些以绘本为基础的延伸活动，进一步深化孩子对绘本内容的理解，激发孩子的阅读兴趣，让孩子感受更多亲子阅读的神奇和快乐。

怎么组织宝宝读书会？

臧成娟

▲ 本文作者给小朋友讲读绘本《我爸爸》　臧成娟／提供

目前，越来越多的父母已经意识到早期阅读对于孩子的智力开发和情感培育有着积极作用，越来越早地在家开始了亲子阅读活动。既然亲子阅读在家就能完成，为什么还要组织宝宝们走出家门，聚集在一起开展亲子读书会呢？

为什么要组织宝宝读书会？

① 读书会对培养学龄前儿童阅读兴趣非常有益

学龄前孩子由于年龄较小，注意力不够集中，阅读更需要集体的氛围。如果周围有同龄的孩子一起读书，宝宝也会忍不住凑过来读书。读书会上大家通常会相互分享形式各异、新鲜有趣的童书，尤其是适合低幼阶段的触摸书、洞洞书、立体书、有声书和风格多样的绘本等。就像别人家的玩具永远更有吸引力一样，这些别人分享的书更容易激发宝宝对书的兴趣。读书会经常结合角色扮演、做手工、唱歌、做游戏等内容丰富的阅读延伸活动。通过这些活动，宝宝读书的兴趣会更加浓厚。

② **读书会有助于家长交流和学习亲子阅读的方法**

一些家长在家时经常难以坚持亲子阅读，通过读书会这种集体活动可以互相交流、互相鼓励、互相支持。每个人接触到的书籍总是有限的，而在读书会上，不仅是孩子，家长们也同时接触到多种多样的童书，通过和孩子一起共度阅读时光，不仅增进了亲子感情，还可以更加了解孩子在各个时期对哪种图书和主题更感兴趣，自己孩子所处的年龄段有哪些未曾接触的好书，为今后的阅读丰富了"书库"。读书会上不只是单纯的读书，丰富多彩的阅读延伸活动及孩子的反应，也拓宽了家长在家进行亲子阅读的思路和形式。更重要的是，通过读书会，家长也拓宽了交友圈。在这

个圈子里，不仅可以交流亲子阅读，还可以交流育儿等方面的很多话题。

怎么组织宝宝读书会？

① **寻找身边的合作伙伴**

如果是第一次组织活动，首先要寻找身边的参与者，例如自己生活的小区、孩子上学的幼儿园或学校等。通过和其他家长面对面地聊天或者 QQ、微信、网站论坛等各种形式沟通交流，寻找合适的参与者。如果是在小区，也可以到小区的活动场所附近，那里每天会有很多家长带着宝贝在玩耍。可以事先选择一些童书，给宝宝们先读一读，等孩子和家长们感兴趣以后，就拿出事先准备好的亲子阅读会的邀请函，送给他们。邀请函需要注明活动主题、时间、场所、参加人数、书目、活动内容、需要准备的东西、注意事项、报名方式等。如果是 0—2 岁的小宝宝，需要家长陪同，一般 3—5 个家庭就可以了，宝宝太多不好组织，达不到预期效果。大一点的学龄前儿童有了一定的自理能力，则人数可以适当增加。同一年龄段的宝宝可以在一起，混龄的宝宝们也可以组织在一起。

② 选择合适的阅读场所

年龄较小的孩子，特别是2岁以下的小宝宝，生活不能自理，读书会还需要成人的陪伴。一般我们会选择在某一个宝贝的家里，或在一个固定的阅读的场所，如小区的图书馆、阅览室等，也可以在小区户外，比如一个凉亭、草坪的一角。亲子读书会的空间应相对封闭一些，这样便于管理，而且一定要安静、干净、整洁，要充分为幼儿的健康着想。在阅读之前要把周围多余的、容易分散孩子注意力的物品收起来。如果是一个陌生的环境，就先让宝宝们自由活动一下，熟悉周围的环境。宝宝们之间也需要一起交流、玩耍一下。如果时间充足，宝宝读书会之前，可以做些简单的小游戏，特别是内向的、怕生的宝宝，要帮助他们尽快适应新的环境。

③ 选择合适的书籍

低幼儿童的阅读启蒙应以激发阅读兴趣为主。很多婴幼儿的绘本在大人眼里简单平常，但因为符合孩子的心理发育特点，受到他们的喜欢。经典童书往往将趣味性和教育性巧妙地结合在一起。

2岁以下的宝宝首选的是这样一些绘本：字少图大，画面单一，色块大，简单重复的语言不断地推进故事的发展。其内容更多的是孩子熟悉的生活场景，例如吃饭、穿衣、睡觉、洗澡、拉屁屁等。2—4岁时，孩子的认知能力等方面均有了进步，开始对更多的内容感兴趣。根据自然素材创作的绘本，如月亮、太阳、雨水、种子发芽、植物生长、小动物生活等，都能帮助宝宝了解自然，探索世界。与日常生活相关联的书依旧受到孩子的喜欢。如我曾组织阅读过的《出去转一圈吧》这本书，一个小不点被树林里的荨麻刺痛了，火冒三丈，大发雷霆。"去转一圈吧"，林子中的一棵老树这样建议他。小不点带着一肚子的火，走啊走……后来通过与猫头鹰的对话，小不点终于想通了，于是他回到荨麻身边并且友好地问候它，小不点也很开心，终于控制住了自己的坏情绪。读完故事，和孩子们演一演，生活中遇到这类的事情，孩子就会学会管理、纾解自己的情绪。

总之，选书要注意从儿童的视角出发。如果幼儿对故事内容难以理解，产生不了兴趣，便会坐不住。成人选对了书，让婴幼儿能看懂、喜欢，这是宝宝读书会成功

▲ 故事妈妈在给小朋友讲故事　贝拉／提供

的基础。书的形式可以多样：洞洞书、拉拉书、立体书，用纸张、棉布、塑料等不同材质做成的书。这些书都会给孩子带来新鲜的刺激，鼓励他们去探索、发现未知的世界，让孩子们进入图画书的世界中去。

④ **在读书会中要做的两件事**

◆ 完整地阅读一本书

阅读之前首先解决宝宝喝水、上厕所等所有生理上的问题，这样才能保证宝宝们在阅读过程中不轻易走动。一场读书会通常控制在 20—30 分钟左右，长度取决于孩子当时的表现。开始不要把书发给孩子，因为他们会控制不住去翻书，只看自己感兴趣的地方。可以请家长把孩子抱在怀里一起听故事，也可以请孩子们集中坐在前面，爸爸妈妈们坐在后面。尽量保证第一遍阅读从头至尾，可以适当加入讨论、推测故事情节、发表自己的观点、创编故事等环节。在完整讲述结束以后，再鼓励孩子们自己翻书，进行自主性阅读。

◆ 根据阅读内容，设计形式多样的延伸活动

根据阅读内容，设计形式多样的延伸内容，可以继续阅读有关联的作品（同一作家的、相关主题的、同一系列等）、画画、手工制作、亲子游戏、角色扮演，有条件的还可以组织参观实践等活动。重复和模仿是宝宝学习的重要方式，亲子阅读的延伸活动可以把书中的画面情节和实际的生活结合起来。

例如，在阅读绘本《大纸箱》的活动中，我们组织了 12 个孩子，最大的宝宝 5 岁，最小的宝宝 2.5 岁，没有家长陪同。这本书讲的是宝宝发现了一个空空的大纸箱，把它看成一座可以遮阳挡雨的大房子，又把纸箱做成了一架飞机，再把纸箱当作饭桌，和玩具小兔一起吃饭。到了该回家的时候，宝宝把纸箱做成了一个有窗户和房顶的小屋子，和小兔子一起在里面休息。这本书人物不多，情节简短，叙述符合幼

儿口吻。图画书采用蜡笔绘制，以鹅黄色作为底色，画中的人物与背景以草绿、朱红、水蓝着色，虽然色彩种类并不多，但是足以表现出故事温暖与喜悦的氛围。在讲故事的过程中，启发孩子：一个大纸箱能变这么多好玩的玩具，如果能有很多纸箱，一定会有更多有趣的事情发生。只要小朋友们去动脑筋想办法，那么就一定能得到更多的快乐。我们拿出事前准备的几个大纸箱，大人在旁边指导，由大孩子带着小孩子合作完成，男孩子们变得最多是机器人、奥特曼，几个小朋友还合作做成了一列火车。女孩子们做成自己喜欢的城堡和宫殿。孩子们还利用大纸箱做了道具，扮演成小蚂蚁做搬运工，玩接力赛。孩子们

▲ 在《大纸箱》故事会上，小朋友在玩钻纸箱的活动　　藏成娟 / 提供

自己动脑构思和动手制作玩具的那份喜悦和成就感是现成的精美玩具无法替代的。

⑤ 读书会结束之后的总结

　　家长在刚开始组织读书会时，难免会有这样或那样的不足。可以在读书会结束时，进行简单的总结，让参与的家长提建议。如果有微信群、QQ 群、论坛等平台，可以把活动的照片和文字放上去，既能宣传活动，又能得到大家的批评、鼓励和意见，不断完善今后的活动。刚开始时，组织者需要辛苦一些，策划主题和活动环节、选择场地和书籍、设计道具、维持秩序、调动气氛等，都要亲力亲为。但随着活动次数的增加与经验的丰富，你会慢慢吸引越来越多的同好加入。当渐渐形成了一个固定的小群体后，大家可以发挥所长，分工合作。参与过一次或几次宝宝读书会后，大家一起读书的快乐体验是家长和孩子都难以忘怀的。只要参与，就会有收获。

图书馆低幼故事会欢迎你

殷宏淼

▲ 国家图书馆少年儿童馆低幼悦读会年度庆典　国图少儿馆／提供

图书馆是面向所有人开放的公共文化场所，婴幼儿也不例外。从国内国外来说，图书馆都是儿童早期阅读推广的重要阵地。文化部于2010年出台的相关规定要求："各级公共图书馆都要开设专门的少年儿童阅览室。"由于学龄期儿童都要在学校接受义务教育，学习的主要场所是学校，这就使得6岁以下的低幼阅读群体成为图书馆的重点服务对象。近几年，已经有越来越多的图书馆专门为低幼儿童开辟阅读专区：色彩明丽的环境、卡通可爱的桌椅、低矮的书架、根据年龄分区的图书等，每个细节都贴近

▲ 北京市通州区图书馆低幼儿童区一角　　邓咏秋 / 摄

幼儿心理的需求。除了这些硬件设施，图书馆定期为低幼儿童举办故事会、亲子阅读会、新书推荐、手工坊等活动，帮助低幼儿童爱上阅读。其中，最受孩子喜欢的活动就是故事会（英语叫"story time"）。

为什么来图书馆听故事？

很多家长会说，我天天都在家里给孩子讲故事，还购买下载了许多朗读标准的讲故事音频，为什么非要去图书馆听故事呢？我们的回答是，带孩子去图书馆听故事非常有必要，理由如下。

① 图书馆有擅长讲故事的专业人员

随着对早期教育的重视，少儿馆的馆员团队也越来越专业，融合了儿童心理、学前教育、儿童文学等各个领域的人才。他们会根据儿童的身心发展特点来选择合适的图书，并在讲读过程中充分把握儿童心理，通过抑扬顿挫的语调、丰富的表情与肢体动作将儿童带入故事中，还会抛出一些问题，诱导儿童思索、交流，既增加了他们的参与感，也锻炼了口语表达能力。

② 图书馆故事会有好玩的阅读延伸活动

为了创设轻松愉快的阅读氛围，故事会开场前，一般会做一些热身运动，比如故事姐姐带着孩子们唱儿歌、做韵律操，还会拿出讲故事要用的手偶和孩子们一一打招呼。整场故事会还伴随很多有趣的延伸活动，比如角色扮演游戏、涂鸦画画，还有各种手工活动。

③ 图书馆故事会能增进低幼儿童的社交能力

在图书馆听故事和家庭亲子阅读最大的不同是，图书馆故事会有同伴的互动与交流。他们会分享对故事的感悟，虽然有些讨论在大人看来很幼稚，但是在孩子们看来却非常值得思考，因为他们处于同一认知水平，有相似的认知框架。有时他们会为一个问题争论得面红耳赤，但正是这种同伴之间的认知冲突，扩展了孩子们的生活经验，促进了认知能力的发展，使他们逐渐学会站在他人角度思考问题。很多互不相识的小朋友通过听故事成为好朋友，这不正是培养同伴关系的好时机吗？

④ 图书馆故事会能拓展儿童阅读范围

每次来图书馆听故事，都是孩子近距离接触图书馆的机会。故事会后，多数小朋友依依不舍，会留在图书馆继续看书，无形中为幼儿提供了更大的阅读范围。另外，孩子们对于刚刚听过的故事，往往有更大的偏爱。所以，故事会结束后，细心的馆员会把这本书或这套书的其他几本陈列在一旁，方便孩子借回家。

世界各地图书馆的低幼故事会

图书馆举办故事会的传统由来已久。美国于 1908 年由儿童作家 Ruth Sawyer Durand 在纽约公共图书馆开展了第一个正式的讲故事活动。一个世纪过去了，美国星罗棋布的社区图书馆已经成为儿童早期教育的启蒙地。故事会一般按年龄细分为：

◆婴儿（0—1 岁）故事会

◆学步儿（1—2 岁）故事会

◆学前儿童（2—4 岁）故事会

◆幼儿园儿童（4—6 岁）故事会

◆混合年龄的故事会

每个年龄段通常每周举办一至两次。

有的图书馆还专门为孩子举办睡袍故事会，大家晚上 7 点穿着睡袍来听故事。还有的图书馆举办有"给宠物读书"的活动，这个活动中的猫、狗是受到特殊训练的，还有志愿者在旁看护，小朋友可以选择自己喜欢的书，坐在宠物旁，抚摸它，并为它读书，宠物则很温顺地听着。这些多彩纷呈的故事会使得美国图书馆的婴幼儿服务很受欢迎。

我国开展讲故事活动较早的是在台湾地区，在 20 世纪 90 年代，台湾各地少儿馆的普及程度和分布密度已能很好地为周边的家长和孩子服务。除了馆员讲故事，台湾很多图书馆的周末和寒暑假故事会是由志愿者来讲，比如学校老师、社区热心妈妈等。现在，在祖国大陆，越来越多图书馆的故事会逐渐形成自己的品牌特色：国图少儿馆的"低幼悦读会"、广州图书馆"爱绘本爱阅读"亲子故事会、温州市少儿馆创办的"毛毛虫上书房"、上海浦东图书馆的"浦宝亲子故事会"、佛山市图书馆的"蜂蜂故事会"等。

带你体验图书馆的低幼故事会

① 图书馆的故事会是如何开展的呢?

◆ 由馆员选出优质的绘本

被挑选的绘本,须满足以下特点:符合儿童心理特点,图画品质高,文字朗朗上口,情节生动有趣,适合集体讲读。

然后图书馆会通过微信、微博、展板、短信等各种形式发布故事会消息。当孩子年龄过小或涉及手工活动时,故事会会有人数的限制,这时就需要报名参加了。

◆ 现场听故事环节

一般故事会有 2—3 个绘本故事,持续时间为 20—30 分钟。针对低幼儿童的心理特点,讲故事人通过丰富的肢体动作和生动的语言来形象地讲述整个故事,有时会借助道具或手偶。根据现场人数以及要达到的效果,选择通过手持书,还是幻灯片来呈现故事。

讲完故事后还会开展相应的拓展活动。

▲ 佳馨在图书馆听故事后,与妈妈共做的手工灯笼
邓咏秋 / 摄

比如:角色扮演、手工活动等。0—3 岁宝宝来听故事都会有家长陪同。有时故事会结束后,会有家长来向故事讲读人探讨一些阅读方面的问题或请馆员推荐书籍等。家长们之间也会互相探讨育儿经验。故事会成为家长们沟通交流的一个渠道。

② 图书馆会根据不同时令、节日、主题来举办各类故事会

图书馆应景举办的故事会,配合不同

时令、不同节日、不同主题，更能接近小读者的需求。比如：清明节时通过《獾的礼物》《长大做个好爷爷》等来为孩子讲述死亡；安东尼·布朗的《我爸爸》《我妈妈》则成为父亲节和母亲节的必读书；圣诞节讲挖洞书《从窗外送来的礼物》；春节时讲《小年兽》《团圆》《十二生肖传说》等等。在针对各类节日开展故事会的同时，也有各类手工活动（以家庭为单位完成）：清明节做风筝，劳动节做DIY贺卡，端午节做龙舟，中秋节做月饼，春节剪窗花、写春联等等。另外，图书馆每年针对科技周、服务周和世界读书日开展各类活动，《肚子里有个火车站》《牙齿大街的新鲜事》让孩子们通过形象的科普故事养成讲卫生的好习惯，《图书馆狮子》《我喜欢书》则让孩子更好地认知图书馆，培养对书的热爱。有的图书馆每年还会举办"公主和王子"节，这一天，小朋友们都穿着公主服和王子装来图书馆听童话故事，并且每位小朋友都会上台为大家讲一个自己精心准备的故事，这一主题的故事会深受孩子喜爱。

③ 去图书馆听故事还可以盖章，攒够印章换礼物

为了鼓励孩子们来图书馆听故事，馆员们还用心地制作了故事会记到卡片。以国图少儿馆为例，每次来听故事的小朋友都有一张"低幼悦读会·宝宝读书小卡片"，外页填写孩子的姓名、性别、生日和电话，并且有国图少儿馆的微信二维码，内页则是由12个可爱的气球组成的盖章区域。孩子每来听一次故事，都会在上面盖一个"低幼宝宝"的章，集齐6个章有小礼物，12个章有大礼物。为了表彰经常来听故事的宝宝，国图少儿馆于2014年底举办了"低幼悦读会年度庆典"，评选出了5位年度故事宝宝，他们几乎每期都来听故事，与故事哥哥、故事姐姐建立了深厚的友谊，并且5位小朋友还现场发表"感言"，表演了精彩的节目。另外，现场准备了答题互动环节，每个小朋友们都获得了礼物。整场活动办下来，家长们无不拍手称赞。

④ 讲故事的不仅仅有馆员

图书馆里讲故事的人不仅仅有馆员，同时各界人士也加入其中。这里面有阅读推广人、出版社编辑、图画书作者、志愿者妈妈等。在图书馆，小读者不仅可以直接和作家对话，还可以通过出版社编辑了

▲ 豆豆（3 岁）和妈妈在图书馆参加故事会后，留下来阅读
倪继利／摄

解一本书是怎么诞生的，全方位地认识绘本，爱上阅读。

　　常来图书馆听故事对儿童的语言发展、想象和思维能力的培养以及情感社会化的发展都有重要价值。家长朋友们，带着孩子一起来图书馆参加故事会吧。在图书馆温馨快乐的氛围里，孩子会自然而然地爱上图书馆，爱上阅读！

后记

　　下面是一个长期带孩子来国图少儿馆听故事的妈妈发的一条微信，她的孩子平安荣获"2014 年度国图故事宝宝"荣誉称号。

　　第一次参加国图悦读会时，平安听完三个故事就要走，还在阅览室里嚷嚷。我不逼他，一同出来，坐公交回家。

　　之后，第二次，第三次，孩子慢慢就喜欢留下来看书了。

　　有小朋友来我们桌上拿书，平安不乐意，护住说："这是我们的书！"可是，别人那儿也有平安感兴趣的书，好吧，那就学着礼貌和友善待人吧。而且，在那个氛围里，小孩会觉得这样做是一件荣耀的事。

　　　　　　　　——摘自平安妈妈的微信

扫码听少儿馆员讲故事

《你好，安东医生》

附录 1
亲子阅读推荐图书 100 种

吴洪珺

早期阅读越来越受到家长们的重视，它不仅能促进孩子各项认知能力的发展，而且对幼儿的非智力因素也有直接的影响，有助于帮助幼儿塑造健全的人格。绘本（或称图画书）是最适合早期阅读的读物，因为它以图为主，图文并茂，主要由成人读给孩子听，十分符合孩子的认知发展水平和身心特点。

近年来，我国出版了大量绘本，形式和题材日益丰富。如何给孩子选择优秀的绘本，成为许多家长困惑的问题。下面，我为家长推荐 100 种经典绘本，主要针对 0—4 岁的婴幼儿，分为六大类。从优秀的绘本开始阅读，日积月累，自然会提高孩子和家长自身的鉴赏能力及阅读品味，在孩子心中种下热爱阅读的种子。

一、童谣诗歌类

《中国童谣》(全 8 册)

李光迪、金波 / 文，田原、胡永凯 / 图，连环画出版社。1 岁以上

这套《中国童谣》包括 4 本传统童谣和 4 本现代童谣。童谣那欢快的节奏、重复的节拍十分符合低幼宝宝的发育特点，适合给宝宝做语言启蒙。

《小球听民乐》(全 2 册)

周逸芬 / 编，陈仝、叶安德 / 图，河北少年儿童出版社。1 岁以上

包括《外婆桥》和《数字歌》两册，含光盘，将童谣、音乐和图画相结合，精炼的韵文、好听的音乐，令幼儿听几次后就能朗朗上口，在潜移默化中感受艺术的魅力。

《早安晚安》

李紫蓉 / 文，林小杯 / 图，明天出版社。1 岁以上

圆角纸板书搭配音乐 CD，可唱、可听、可看。用优美流畅的儿歌，贯穿宝宝每天的日常生活，让宝宝在唱唱跳跳中发展语言能力、学会生活自理。

《明月光》

格林文化 / 改编，何雷洛 / 图，北京联合出版公司。3 岁以上

通过游戏互动，以及有趣的一问一答，让孩子在不知不觉中体验 4 首经典唐诗的魅力，富有创意。

《新学堂歌》（第一卷）

谷建芬 / 选编，蔡皋等 / 图，北京联合出版公司。2 岁以上

由著名作曲家谷建芬奶奶精选中国经典古诗文并谱曲，海内外 18 位优秀的华人画家携手创作，融诗歌、音乐与绘画为一体，让孩子们在快乐的歌声和多彩的绘画中亲近和传承祖先的经典。

《一园青菜成了精》

编自北方童谣，周翔 / 图，明天出版社。3 岁以上

《一园青菜成了精》是一首趣味十足的北方传统童谣，周翔匠心独运，巧妙地在图画中蕴藏了各种蔬菜的特性。热闹的故事、幽默的形象，特别能吸引和触动孩子们。读完故事再组织孩子们演一场绘本剧，一定会玩得酣畅淋漓。

《爱画画的诗》

林芳萍 / 文，林小杯 / 图，明天出版社。2 岁以上

诗真的会画画，画真的会说话！清新简洁的文字，充满童趣的图画，让孩子的想象飞起来，没准哪一天也会成为一个小诗人呢！

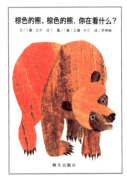

《棕色的熊、棕色的熊，你在看什么？》

（美）比尔·马丁 / 文，（美）艾瑞·卡尔 / 图，李坤珊 / 译，明天出版社。1 岁以上

既能帮助孩子认识动物和颜色，也能让孩子轻松愉悦地学习语言。本书文字是中英双语，英文原文是可以唱的，唱出来孩子们更喜欢。

《野孩子·童谣》

熊亮 / 绘著，三联书店。3 岁以上

由《一园青菜成了精》和《蝈蝈和蛐蛐》两个极富北京特色的童谣组成，将传统艺术形式与童趣很好地糅合在了一起。

《拔萝卜》

（俄）阿·托尔斯泰 / 编写，（日）内田莉莎子 / 译写，（日）佐藤忠良 / 图，朱自强 / 译，南海出版公司。2 岁以上

俄罗斯民间故事《拔萝卜》情节十分简单，这个故事成功的关键在于它的幽默，还有孩子读到萝卜被拔出来时的满足感。

《妈妈，为什么？》

（日）谷川俊太郎 / 文，（日）中村悦子 / 图，彭懿 / 译，连环画出版社。3 岁以上

这本书的文字是日本诗人谷川俊太郎年轻时创作的一首美丽的诗，原诗名为《川》。绘本画家中村悦子从诗歌出发，又不拘泥于诗歌的内容，让三只小兔子和兔子妈妈为我们静静地演绎出一个异常美丽的故事。

二、日常生活类

《喂——哎——》

（日）和歌山静子 / 文·图，蒲蒲兰 / 译，连环画出版社。0 岁以上

本书结构简练、节奏动感、线条清柔、颜色纯粹又对比明显，十分适合婴儿的发展阶段。"喂——哎——"不断重复的两个简单的字贯穿全书，就连新生儿都能得到愉悦的阅读初体验。

《喝汤喽，擦一擦》

（日）林明子 / 文·图，小林、小熊 / 译，少年儿童出版社。1 岁以上

刚刚学习自己吃饭的小宝宝，读到这本书肯定会产生共鸣。林明子温馨的画风，让整本书充满浓浓的爱意。读过故事，宝宝以后吃完饭也会记得擦擦小嘴巴。

《小熊宝宝绘本》（全15册）

（日）佐佐木洋子 / 文·图，蒲蒲兰 / 译，连环画出版社。1 岁以上

《小熊宝宝绘本》是佐

佐木洋子的代表作，涵盖日常生活的方方面面，画面干净清爽，小动物形象可爱，适合 1 岁以上的宝宝亲子共读，在增长知识的同时，还能开发宝宝的智力潜能。

《噼里啪啦》系列（全 7 册）

（日）佐佐木洋子/编绘，二十一世纪出版社。1 岁以上

同样是佐佐木洋子的代表作，涉及内容仍是小宝宝的日常生活，然而这套书最大的特点在于它不仅仅是让大人讲、孩子看，更能让孩子自己动手"玩"，因为里面有很多允许宝宝掀开的小折页，翻过来和不翻时，呈现不同的画面。

《米菲绘本系列》（全 10 册）

（荷）迪克·布鲁纳/文·图，童趣出版有限公司/编译，人民邮电出版社。1 岁以上

这是荷兰插画大师迪克·布鲁纳的经典之作。小小的开本、简单的线条、较大的色块、符号化的形象，适合低龄宝宝阅读。二四押韵的文字读起来也很朗朗上口。

《豆腐哥哥我爱你》

（日）丰田一彦/著绘，季颖/译，湖北教育出版社。2 岁以上

这是一本适合低幼宝宝的食育绘本，文字简单，画面简洁，"味溜味溜""当当当""颤悠悠"等重叠的象声词，还有豆腐哥哥逗趣的形象，一定会让孩子爱上吃豆腐的。

《晚安，月亮》

（美）玛格丽特·怀兹·布朗/文，（美）克雷门·赫德/图，阿甲/译，北京联合出版公司。2 岁以上

在这本被誉为"经典中的经典，完美的睡前图画书"中，小兔子睡前跟房间里每一样熟悉的事物道晚安。听着这个故事，闹腾的小宝贝也该安静下来了，没准儿他也会养成睡前说晚安的习惯呢。

《阿立会穿裤子了》

（日）神泽利子/文，（日）西卷茅子/图，米雅/译，明天出版社。2 岁以上

阿立会穿裤子了，一个平常得不能再平常的故事，却蕴含了低幼儿童能够会心欢笑的幽默。

《鳄鱼怕怕 牙医怕怕》

（日）五味太郎/文·图，上谊编辑部/译，明天出

版社。2岁以上

书中用简单、反复的语句刻画了鳄鱼和牙医戏剧性的心理变化。"所以，我一定不要忘记刷牙"，孩子们不会忘记最后这句话。这个情节简单而有趣的故事也适合表演绘本剧。

《妈妈，买绿豆！》

曾阳晴/文，万华国/图，明天出版社。2岁以上

小男孩阿宝和妈妈上街买绿豆、煮绿豆汤、吃绿豆、种绿豆，整个故事以及图画都十分生活化和趣味化，与浓郁的母子情相映照，能打动每一个小读者和大读者。

《第一次上街买东西》

（日）筒井赖子/著，（日）林明子/绘，彭懿/译，新星出版社。3岁以上

故事描绘了孩子成长中都会有的上街买东西的经历，情节自然亲切，就像是发生在孩子身边的故事。图画细致入微，充满生活情趣，烘托出小主人公细微的心理变化和情绪流露。

《我绝对绝对不吃番茄》

（英）罗伦·乔尔德/编绘，冯臻/译，接力出版社。

3岁以上

对待挑食的孩子，你要怎么办？故事中，哥哥查理告诉非常挑食的妹妹劳拉，胡萝卜是木星上的橘树枝，豌豆是从绿色王国来的绿色小圆球，土豆泥是富士山顶的云朵……巧用想象力，不啻为一个好办法。

《野兽国》

（美）莫里斯·桑达克/著，宋珮/译，贵州人民出版社。3岁以上

调皮的小男孩迈克斯与妈妈大闹了一场，没吃晚饭就被关进了自己的房间，于是他便开始用自己的幻想来进行反抗和发泄……孩子们喜欢这个故事，或许是因为他们在故事中看到了自己的影子。

《你睡不着吗？》

（爱尔兰）马丁·韦德尔/文，（爱尔兰）芭芭拉·弗斯/图，潘人木/译，明天出版社。3岁以上

这是一本用亲情陪伴帮助孩子赶走怕黑情绪的图画书。读着这样的书，爸爸妈妈也会减少焦躁情绪，在养育孩子的过程中多一分耐心和温情。

《我有感觉》

（美）阿丽奇 / 文·图，戴伟杰 / 译，河北教育出版社。3 岁以上

这是一本趣味十足的儿童情感教育绘本，作者以生动的漫画、幽默的文字和有趣的情节，引导孩子认识各种感觉，循循善诱地帮助孩子解决经常遇到的情绪问题。

《魔法亲亲》

（美）奥黛莉·潘恩 / 文，（英）茹丝·哈波、（美）南西·理克 / 图，刘清彦 / 译，明天出版社。3 岁以上

这本图画书很适合讲给那些即将或刚刚上幼儿园，正在经历分离焦虑的小朋友们。妈妈在宝贝手心留下一个魔法亲亲，缓解孩子心中的恐惧，让他们感受到妈妈的爱永远陪伴着他们。

《我变成了一只喷火龙了！》

赖马 / 文·图，河北少年儿童出版社。3 岁以上

小朋友发脾气是常有的事儿，那如何让他学会管理自己的情绪呢？"呀呀，你都快变成一只喷火龙啦！"也许这样一句轻轻松松的玩笑话会让他的愤怒顿时化解呢。

三、认知百科类

《小兔比利》

（英）莫里斯·普莱格尔 / 文·图，荣信文化 / 编译，未来出版社。0 岁以上

在这本触摸书里，小宝贝不但能看到，还能摸到各种可爱的森林动物。不同的动物，不同的触感，不但满足了宝宝探索事物的好奇心，还能极大地促进他们认知能力的发展。

《苹果与蝴蝶》

（意大利）艾拉·马俐、恩佐·马俐 / 著，连环画出版社。1 岁以上

这是一本讲述生命过程的无字绘本，画面造型简洁，色块鲜艳、明快，有很强的视觉冲击力。既能激发孩子对大自然的热爱，也能给孩子最初的艺术启蒙。

《动物动物捉迷藏》

（日）石川浩二 / 文·图，蒲蒲兰 / 译，二十一世纪

出版社。1岁以上

在这本有趣的挖孔书里，作者巧妙地利用翻页向孩子提问，并透迤出各种动物的图形和答案，在娱乐中教会孩子认识动物，还能发展孩子的动手能力。

巧妙的艺术构思和精致的手工剪贴，让动物们轮流躲藏、变换姿态。通过快乐的游戏，孩子们初步认识了可爱的动物，并在一次次的猜谜中不知不觉地增强了他们的观察力、记忆力以及对动物特征的理解。

《数数看》

（日）安野光雅/著，接力出版社。2岁以上

这是一本无字书，让幼儿在欣赏图画的过程中，开启他们对于数的世界的认识。日本绘本大师安野光雅用自然的方式加以表现，画面优美、舒缓，给孩子美的体验。

《呜！火车来啦》

（日）竹下文子/著，（日）铃木守/绘，彭懿/译，接力出版社。3岁以上

这本兼具人文与科学知识的图画书，让孩子在阅读游戏中感受火车给我们生活带来的便利，认识生活中常见的各种轨道交通工具。

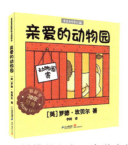

《亲爱的动物园》

（英）罗德·坎贝尔/著，李树/译，二十一世纪出版社。1岁以上

栩栩如生的动物、浅显易懂的文字、诙谐有趣的内容，让孩子翻开书就仿佛置身可爱的动物王国。

《谁藏起来了》

（日）大西悟/文·图，蒲蒲兰/译，二十一世纪出版社。2岁以上

《是谁嗯嗯在我的头上》

（德）维尔纳·霍尔茨瓦特/文，（德）沃尔夫·埃布鲁赫/图，方素珍/译，河北教育出版社。3岁以上

这是一本兼具趣味性和知识性的图画书，让孩子轻松愉快地了解：原来每一种动物的排泄物形状都不同，什么样的动物就会有什么样的"嗯嗯"。

《肚子里有个火车站》

（德）鲁斯曼·安娜 / 著·绘，（德）舒尔茨·史蒂芬 / 绘，张振 / 译，北京科学技术出版社。3 岁以上

书中想象出了一群帮助食物消化的小精灵，如果吃得太多太快，精灵们就会游行示威、罢工抗议，肚子里就会乱作一团。让孩子在快乐中学到知识，在童话里养成良好的生活习惯。

《亲亲自然》系列（全 11 册）

（日）久保秀一 / 摄影，（日）七尾纯 / 文，李丹 / 译，河北少年儿童出版社。3 岁以上

这套自然观察摄影绘本给孩子展现了一个诗意、唯美的大自然，故事生动有趣，又融入了科普知识在其中。同时，也让孩子接触到一种新的图画书形式——原来照片也可以讲故事。

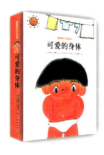

《可爱的身体》系列（全 8 册）

（日）七尾纯、小林雅子 / 文，（日）今井弓子等 / 图，（日）猿渡静子 / 译，南海出版公司。2 岁以上

这套绘本通过生动活泼的语言和充满想象力的图画，为孩子们揭开身体的奥秘，让他们在故事中和形象亲切可爱的小主人公们一道学习知识、获得快乐。

《小鸡鸡的故事》

（日）山本直英 / 文，（日）佐藤真纪子 / 图，蒲蒲兰 / 译，连环画出版社。3 岁以上

这本充满温情和爱的儿童性教育绘本让孩子通过阅读了解男性和女性之间的身体差异，从容讲述常常令家长尴尬的"我从哪里来"的问题，并教孩子学会自我保护。

《人之初》

吉葡乐、素数花开 / 文，安培 / 图，北京联合出版公司。3 岁以上

这本优秀的原创绘本如诗如画地告诉了孩子关于生命、关于性、关于人是从哪里来的等令人敬畏、却又难以启齿的问题。

四、游戏趣味类

《奇迹小宝宝·初次见面绘本系列》（全 11 册）

（日）武内祐人等 / 文，（日）堀内诚一等 / 图，崔

健 / 译，江西科学技术出版社。0 岁以上

爸爸妈妈和宝宝共读这套绘本，可以帮助宝宝认知与家人亲密的方式，比如碰碰脑门儿、顶顶鼻子，增进亲子感情，并且可以提高孩子对颜色、形状、行为、生活常识的认知水平。

《乔比洗澡书》系列（全 4 册）

（法）提埃里·顾旦 / 绘，荣信文化 / 编译，未来出版社。0 岁以上

《乔比洗澡书》是专门为低幼宝宝设计的游戏图画书，宝宝在洗澡和玩水时也能阅读，和乔比一起去海边、一起洗澡、一起游泳……让孩子爱上洗澡，爱上阅读。

《和小鸡球球一起玩》系列（全 6 册）

（日）入山智 / 著·绘，崔维燕 / 译，湖北教育出版社。0 岁以上

这是专门为 0—2 岁小宝宝创作的游戏纸板书，书中通过上下翻页、左右拉页、多种形状的细致模切，让故事表现出动画电影般的镜头感，使绘本也可以立体阅读，在亲子互动游戏中培养孩子的阅读兴趣。

《婴儿游戏绘本》系列（全 10 册）

（日）木村裕一 / 著，崔维燕 / 译，接力出版社。0 岁以上

这套有趣的亲子互动游戏书涵盖了婴幼儿日常生活的各个方面，包括吃喝拉撒玩睡等，让孩子在快乐的亲子阅读中，轻松培养起各种良好的习惯。

《猜猜我是谁？》

（美）尼娜·兰登 / 编绘，张芳 / 译，未来出版社。0 岁以上

透过色彩缤纷的图像、简单押韵的文字，吸引宝宝由躲猫猫小洞来猜猜看是谁，每一页都有洞洞，洞洞后面都有图，有奶牛、猫头鹰、斑马、火车等，而最后一页是一面镜子，所以宝贝最后看到的是一张自己的小脸，他一定会惊喜得开怀大笑的。

《噗～噗～噗》

（日）谷川俊太郎 / 文，（日）元永定正 / 图，（日）猿渡静子 / 译，南海出版公司。1 岁以上

这是本奇特的书，没有

故事，只有图画和拟声词。作者用拟声词表达了世界上物体的状态和变化，却没有说明这是什么物体，也没有用文字多说什么，只交给孩子去想象！

《蹦！》

（日）松冈达英/文·图，蒲蒲兰/译，二十一世纪出版社。0 岁以上

可爱的插图、生动的画面、独特的设计，顺应了宝宝发展的需要，书中不断重复"beng"这个宝宝刚开始学话时常发的音，能够吸引宝宝的注意力，即使是婴儿也能从书中获得乐趣。

《好饿的毛毛虫》

（美）艾瑞·卡尔/文·图，郑明进/译，明天出版社。1 岁以上

这本色彩缤纷的拼贴画风格的图画书，富有创意，很能非常能吸引孩子们的注意力，小朋友都会爱上这只贪吃的可爱的毛毛虫，更喜欢用自己的小手去钻书中的洞洞。

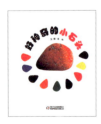

《好神奇的小石头》

左伟/文·图，中国少年儿童出版社。1 岁以上

在这本充满创意的原创洞洞书中，每翻开一页，孩子都

会发现惊喜，在亲子游戏中激发孩子的想象力。

《可爱动物操》

方素珍/文，郝洛玟/图，河北教育出版社。1 岁以上

有音乐韵味的歌谣与生动活泼的图画配合在一起，可以让父母亲一边表演，一边朗诵，如果能用不同的声调和方式来朗读，孩子一定很喜欢。

《彩虹色的花》

（波兰）麦克·格雷涅茨/原作·图，（日）细野绫子/文，蒲蒲兰/译，二十一世纪出版社。2 岁以上

作者采取壁画法，使画面有一种粗犷的美，但故事却非常温柔细腻。小朋友不仅能得到艺术的熏陶，也能感受到友爱、生命、阳光的力量。

《点点点》

（法）埃尔维·杜莱/文·图，蒲蒲兰/译，二十一世纪出版社。2 岁以上

《点点点》是一本互动性极强的书，小朋友可以用手指来读，给一个指

令，翻页即变，在书上每个孩子都会疯狂地点、点、点！

分适合亲子游戏和集体阅读。

《鸭子？兔子？》

（美）艾米·克劳斯·罗森塔尔 / 著，（美）汤姆·利希藤黑尔德 / 绘，漪然 / 译，湖北美术出版社。3 岁以上

这本画风简明、故事幽默的图画书把深刻的哲理变成一个有趣的故事和游戏，让孩子在快乐中懂得意见分歧往往是源于立场和观察角度的不同，并潜移默化地引导孩子探索解决争执的方法。

《动物绝对不应该穿衣服》

（美）茱蒂·巴瑞特 / 文，（美）罗恩·巴瑞特 / 图，沙永玲 / 译，上海人民美术出版社。2 岁以上

本书的图画与文字搭配，展现出十足的幽默感，用逗趣的方式让孩子认识自然、了解动物，告诉孩子为什么动物天生的衣服最完美——因为那正是动物自己的衣服。

《跑跑镇》

亚东 / 文，麦克小奎 / 图，明天出版社。3 岁以上

这是一本充满想象力和声音趣味的游戏书，十

《谁的自行车》

（日）高畠纯 / 文·图，小鱼儿 / 译，中国电力出版社。2 岁以上

这本充满想象力的图画书，不断地激发孩子的想象力，每一页都能吊足孩子的胃口，让他迫不及待地想翻开下一页，发现谜底。

《走开，绿色大怪物！》

（美）爱德华·恩贝尔利 / 文·图，余治莹 / 译，河北教育出版社。2 岁以上

这是一本富有创意的玩具书，巨大的绿色怪物在翻页之间逐渐出现了，然后又随着翻页走开了。作者设计了一种巧妙的方式，让小朋友可以赶走对怪物的恐惧。

《母鸡萝丝去散步》

（美）佩特·哈群斯 / 文·图，信谊编辑部 / 译，明天出版社。2 岁以上

这本图画书的文字讲的是一个平淡无奇的故事，图画却叙述的是另一个妙趣横生的故事，两者之间的反差所带来的幽默感

一定会让孩子乐得前仰后合。

书中讲述了一只小兔子和妈妈之间爱的捉迷藏，兔子妈妈和小兔子富有韵味的对话，构成了一个诗意盎然的小故事。出版 70 年来，这本经典的图画书依然被妈妈和孩子们所热爱！

《我不知道我是谁》

（英）乔恩·布莱克 / 文，（德）阿克塞尔·舍夫勒 / 图，邢培健 / 译，新星出版社。2 岁以上

"我是谁？"是一个很深奥的哲学问题，这本轻松幽默的自我认知绘本让孩子在哈哈大笑中思考"我是谁"。

五、亲情友情类

《抱抱》

（英）杰兹·阿波罗 / 文·图，上谊编辑部 / 译，明天出版社。1 岁以上

在这本几近无字的图画书中，只有"抱抱""妈妈""宝宝"三个简单而重复的词语，然而温馨的画面却尽显其意，给宝宝勾勒出一个充满爱的故事。

《逃家小兔》

（美）玛格丽特·怀兹·布朗 / 文，（美）克雷门·赫德 / 图，黄迺毓 / 译，明天出版社。2 岁以上

《我爸爸》

（英）安东尼·布朗 / 文·图，余治莹 / 译，河北教育出版社。2 岁以上

《我爸爸》是英国绘本大师安东尼·布朗最经典、最具代表性的作品之一，书中寄托了作者对爸爸的思念、爱戴和崇拜，小读者也会被夸张的图画和故事逗得哈哈大笑。

《美丽星期五》

（美）丹·雅卡理诺 / 作，柳漾 / 译，二十一世纪出版社。2 岁以上

陪伴成长可以只是每个星期五陪着孩子吃个早餐那么简单，简单却充满爱意。成长中的这些小"惯例"，会成为孩子长大后美好的回忆，永驻心间。

《小黑鱼》

（美）李欧·李奥尼 / 文·图，彭懿 / 译，南海出版公司。2 岁以上

本书是被誉为"色彩魔术

师"的绘本大师李欧·李奥尼的代表作之一，是关于勇气和协作的经典作品。同时，独特的画面也会给孩子们留下深刻的印象。

牢骚，但终究还是离不开妈妈的爱。这本书能让每个孩子找到自己的影子，让每个妈妈露出会心的微笑。

《14 只老鼠吃早餐》

（日）岩村和朗 / 文·图，彭懿 / 译，接力出版社。2 岁以上

这是一个由爷爷奶奶、爸爸妈妈、10 个兄弟姐妹组成的老鼠大家庭，在绘本大师岩村和朗的笔下，每一只小老鼠都个性鲜明。细腻、生动的图画，让小读者如临其境。

《爷爷一定有办法》

（加）菲比·吉尔曼 / 文·图，宋珮 / 译，明天出版社。3 岁以上

《爷爷一定有办法》原本是一个流传已久的民间故事，作者用重复而富有节奏的文字来重述，既温馨又朗朗上口。图画细腻、生动、传神，富有浓浓的人情味，画面下方的老鼠家庭更给孩子们带来额外的阅读乐趣。

《跟着姥姥去遛弯儿》

保冬妮 / 文，李萌 / 绘，新疆青少年出版社。3 岁以上

为孩子们展现了一个原汁原味又意犹未尽的老北京。昔日的北京，好吃的、好玩的、好看的，尽数在作家和画家的手底潺潺流出。

《爱心树》

（美）谢尔·希尔弗斯坦 / 文·图，傅惟慈 / 译，南海出版公司。3 岁以上

本书的图画和文字都非常简单，却能让每一个读过的人都为之所动，即便是孩子，也能感受到大树对孩子那深沉的爱和无私的奉献。

《我讨厌妈妈》

（日）酒井驹子 / 著，彭懿 / 译，新星出版社。3 岁以上

仅仅是书名就足以吸引孩子们赶紧翻开书了，故事中的小兔子对妈妈满腹

《小莉的中秋节》

（韩）李亿培 / 文·图，孙淇 / 译，二十一世纪出版社。3 岁以上

这个故事朴实却充满温情。小朋友可以从中了

解别的民族是怎样过中秋节的，并体味到虽然习俗不同，但亲情是一样的。这是一本适合中秋节讲给孩子听的图画书。

《团圆》

余丽琼 / 文，朱成梁 / 图，明天出版社。3 岁以上

这部感人的原创图画书将民族传统文化、现代生活内涵、儿童心理情感恰当而有机地融为一体，具有人情味、历史感、艺术美。

《你看起来好像很好吃》

（日）宫西达也 / 文·图，杨文 / 译，二十一世纪出版社。3 岁以上

宫西达也的画风粗犷，作品却总是充满着暖暖的爱意，即使年幼的孩子也会被霸王龙和小甲龙之间爱与被爱的故事所打动。

《彼得的椅子》

（美）艾兹拉·杰克·季兹 / 文图，孙晴峰 / 译，明天出版社。2 岁以上

彼得有了个小妹妹，于

是他的生活发生了许多变化，彼得很烦恼。爸爸妈妈是如何帮助彼得化解并最终释怀的？对于那些有了弟弟妹妹的孩子及他们的爸爸妈妈来说，这个温情的故事再适合不过了。

《雪人》

（英）雷蒙·布力格 / 著，明天出版社。3 岁以上

这本无字书讲述了一个很抒情、也很伤感的故事，即使学龄前的孩子也能读懂，并可能用自己的语言去描述。多格漫画的形式充满了静与动，故事的最后，男孩背对着我们站立，给人留下了无限的想象空间。

六、其他故事类

《鼠小弟的小背心》

（日）中江嘉男 / 文，（日）上野纪子 / 图，赵静、文纪子 / 译，南海出版公司。1 岁以上

画面简单而干净，故事简洁又不失幽默，十分符合低幼宝宝的认知水平，爸爸妈妈在亲子阅读时变换不同的声音来表现不同的动物，孩子会觉得非常有趣。

《古利和古拉》

（日）中川李枝子/文，

（日）山胁百合子/图，

季颖/译，南海出版公司。

1岁以上

古利和古拉是一对小田鼠，它们最喜欢"做好吃的，吃好吃的"。简单的画面和故事，却能让孩子们感觉到生活的美好。

《和甘伯伯去游河》

（英）约翰·伯宁罕/著，林良/译，河北教育出版社。2岁以上

本书是英国绘本大师约翰·伯宁罕的代表作，故事中的角色不仅有人，也有动物，是一个"人和动物不分彼此"的世界。在故事中，孩子们也会对宽容和接纳有所感受。

《月亮的味道》

（瑞士）麦克·格雷涅茨/文·图，漪然、彭懿/译，二十一世纪出版社。1岁以上

这本充满童趣的图画书，即使1岁的小宝宝也会被吸引。凹凸不平的画布、浮雕式的涂层，让人忍不住想上去触摸一把。

《我的连衣裙》

（日）西卷茅子/文·图，彭懿/译，明天出版社。2岁以上

书中的图画就像出自小孩子之手，但翻开读下去，你会惊叹于作者的想象力和对儿童心理的了解。每一个孩子，包括男孩，都想得到一条这样神奇的连衣裙。

《晚安，大猩猩》

（美）佩吉·拉特曼/文·图，爱心树/译，南海出版公司。2岁以上

全书文字很少，只有不断重复的"晚安，×× "，但幽默耐读、温情脉脉。活泼俏皮、栩栩如生的动物形象让人忍俊不禁，一系列精心设计、充满童真童趣的细节更是能让孩子们立刻融入其中。

《海浪》

（韩）苏西·李/著，浙江少年儿童出版社。1岁以上

这是一本描绘孩子在海滩上快乐嬉戏的无字书，作者把小女孩的神态与动作描绘得惟妙惟肖。蓝色是本书唯一的彩色，会激发孩子对大海无尽的遐想。结尾处，妈妈的身影让人感受到暖暖的爱意。

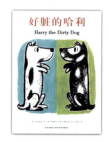

《好脏的哈利》

（美）吉恩·蔡恩/文，（美）玛格丽特·布罗伊·格雷厄姆/图，任溶溶/译，新星出版社。2 岁以上

哈利是只有黑点的白狗，它就像自家的孩子，淘气又可爱，这只亲切的小"脏"狗也俘获了不同时代的孩子和大人们的心。

《荷花镇的早市》

周翔/文·图，二十一世纪出版社。3 岁以上

这本被誉为"中国绘本优美开端"的图画书极具中国风格，孩子们可以在阅读中欣赏江南水乡的独特魅力，并随着书页的翻展，一路跟随小男孩阳阳漫游水乡清早的市集。

《大卫，不可以》

（美）大卫·香农/文·图，余治莹/译，河北教育出版社。2 岁以上

每一个看过《大卫，不可以》的孩子都非常喜欢他，这个淘气的小男孩让他们开心又释怀。每一个妈妈都像书中的妈妈一样，总对孩子说"不可以"，心中却充满了爱。这种"无条件的爱"，能给孩子安全感，让他快乐、自信地成长。

《子儿，吐吐》

李瑾伦/文·图，明天出版社。3 岁以上

本书的故事来自幼儿的日常生活经验，但作者充分发挥想象力，打开一个妙趣横生的想象世界。孩子们读完这个故事都会津津乐道，如果下次不小心把什么子儿吞到肚子里，也会展开一番想象。

《小船的旅行》

（日）石川浩二/文·图，蒲蒲兰/译，二十一世纪出版社。2 岁以上

这本书的画面十分漂亮，让人赏心悦目，最后一页长长的拉页，会给小孩子大大的惊喜。读完这个美好的故事之后，你会拥有一个美好的心情。

《小房子》

（美）维吉尼亚·李·伯顿/文·图，阿甲/译，南海出版公司。3 岁以上

一座会呼吸、有情感的小房子，让孩子领略生命与自然的美好，传达出热爱环境、热爱生命的理念。本书的画面干净而优美，文字排版非常讲究，与画面融为一体。

《三个和尚》

蔡皋 / 改编·绘画，教育科学出版社。3 岁以上

让孩子了解民族的传统和经典，就是在了解我们的根。蔡皋用开阔大气的水墨意境、简洁却气韵生动的人物塑造，讲述了每个中国孩子都应该知道的经典故事。

《和我一起玩》

（美）玛丽·荷·艾斯 / 文·图，余治莹 / 译，河北教育出版社。2 岁以上

在这本简单隽永的图画书中，作者向小读者传递了她的"自然观"——静观万物，而不是成为大自然的主宰。

《这不是我的帽子》

（美）乔恩·克拉森 / 文·图，杨玲玲、彭懿 / 译，明天出版社。2 岁以上

本书的人物设置、用色、语言都非常简洁，但它就像一部幽默悬疑的小电影，吸引着孩子不断地翻页、翻页，故事的结局更是给孩子们留下了广阔的想象空间。

《安的种子》

王早早 / 文，黄丽 / 图，海燕出版社。3 岁以上

这是一个关于"等待"的故事，故事所演示的是一种"等待的智慧"，不仅会让孩子在阅读中有所感悟，也能让家长明白在孩子的成长过程中要学会等待。

《三只山羊嘎啦嘎啦》

（挪）P.C. 阿斯别约恩森、J.E. 姆厄 / 整理，（美）玛夏·布朗 / 图，熊春、蒲蒲兰 / 译，二十一世纪出版社。2 岁以上

这是一本改编自挪威民间故事的绘画故事，民间故事常见的三次的重复，十分简练的故事情节和语言给小读者们以惊险和惊喜。

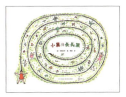

《小真的长头发》

（日）高楼方子 / 著，季颖 / 译，新星出版社。3 岁以上

每一个爱美的女孩子都希望自己有一头长发，但哪个孩子和小真一样，会展开如此丰富而有趣的想象？随着不断地翻页，这本充满戏剧性的图画书绝对会给每一个小读者和大读者带来惊喜。

《让路给小鸭子》

（美）罗伯特·麦克洛斯基 / 文·图，柯倩华 / 译，河北教育出版社。3 岁以上

为了画好鸭子，作者买了好几只鸭子，和它们一起生活在公寓里，于是才会有这样一本活灵活现的仁慈的绘本。

《蚂蚁和西瓜》

（日）田村茂 / 文·图，蒲蒲兰 / 译，二十一世纪出版社。2 岁以上

这本书很适合夏天来读，故事情节简单，图画的细节却异常丰富且有趣，每一只小蚂蚁的神态、动作和其他的蚂蚁都不同，孩子可以饶有兴趣地读很久。

《圆白菜小弟》

（日）长新太 / 著，彭懿 / 译，新星出版社。2 岁以上

这是一本经典的"Nonsense"（无意思之意思）作品，它并不要告诉孩子或是教育孩子什么，但它的无意思却有着许许多多的意思。在阅读过程中能让孩子的精神获得解放，并张开想象的翅膀。

《下雨了》

汤姆牛 / 文·图，北京联合出版公司。3 岁以上

作者通过现代立体画风的绘画为小读者呈现非洲草原的动物生态，可爱的动物们就好像是从童话乐园走出来似的，新奇又有趣。

《会说话的手》

朱自强 / 文，朱成梁 / 图，连环画出版社。3 岁以上

书中的故事情节全都来自孩子的日常生活，虽是片段性的，但潜藏着丰富的情感暗线。读完之后，孩子们也会想玩玩小手说话的游戏。

《100 层的巴士》

（英）麦克·史密斯 / 作，孙慧阳 / 译，二十一世纪出版社。3 岁以上

本书不仅是为孩子创作的，也十分适合成人来读，特别是那些每天生活都一样，安逸舒适，却觉得少了些什么的成人。和孩子一起阅读这本开放性的绘本，让生命重燃激情和创造力！

附录2
父母自我成长应读的 10 本书

王锦锦

随着新生命的降生，你会升级为"爸爸"或"妈妈"。可是，你知道吗？"父母"是世界上最难的职业。你不需要考试，就可以拥有父母的资格，但是要做好父母这个角色，你绝对需要不断地学习。而学习的最好方式当然是阅读。为了使各位父母在养育孩子过程中不至于手忙脚乱，或事后追悔，我们为大家挑选了 10 本广获家长好评的书，涉及育儿百科、食物制作、能力训练、亲子游戏、美育、亲子阅读指导、育儿感悟等方面。这些书不仅能给你系统的知识，还会影响你的教育理念。

《育儿百科》

（日）松田道雄 / 著，王少丽 / 主译，华夏出版社

本书初次出版于 1967 年，此后作者不断吸收新的育儿理念和方法，对它进行多次修订。几十年来，该书被一代又一代的日本母亲奉为育儿宝典。相对于从欧美引进的育儿类图书，本书更适合东方母亲的需要。全书针对孩子不同月龄（年龄），详细讲解婴幼儿的发育成长特点、喂养方法、常见问题等，给父母提供实用、科学的指导，对 1 岁以内婴儿的养育讲解得尤其细致（分为 15 个单元）。

《郑玉巧育儿经：婴儿卷》

郑玉巧 / 著，二十一世纪出版社

我国著名儿科专家郑玉巧结合多年临床经验和实例，编写的适合中国家庭的育儿书。介绍了孩子的发育特点、护理方法、喂养方法、辅食添加等，细致入微。除婴儿卷外，作者还著有胎儿卷、幼儿卷，为不同阶段孩子的父母提供参考。

《中国儿童智力方程：0—3 岁婴幼儿能力训练与测试》

区慕洁 / 主编，中国妇女出版社

儿童智力发展包括运动能力（大运动、精细运作）、认知能力、语言能力、社交能力和自理能力等。作者区慕洁是参与中国教育电视台《万婴追踪》节目的儿科专家，积累了大量关于婴幼儿成长发育的案例。本书针对各不同阶段的孩子，介绍了该年龄段孩子的能力发展水平，设计出科学的训练方法，易于操作。这是一本告诉父母如何帮助0—3岁孩子全面发展的指导手册。

社

"吃什么"是父母最关心的话题，科学喂养孩子更是育儿中的头等大事。何时添加辅食？如何科学地添加辅食？添加多少辅食？这本《婴儿辅食制作大全》为我们一一解答。

作者上田玲子教授在日本婴幼儿营养学界久负盛名。本书结合婴幼儿发育特点，分阶段提供了5个月至学龄前的食谱以及具体做法，还针对宝宝零食的挑选、生病时期的饮食等细节，做了详细介绍。

《不插电的亲子游戏：1—3岁宝宝疯玩的148个游戏》

（美）波比·康纳 / 著，何守源 / 译，人民邮电出版社

作者结合1—3岁孩子的发育特点，制定了148个不需插电的亲子游戏方案，科学合理、简单好玩、操作性强，并且很多游戏不受时间和场地的限制。既有助于开发孩子的智力，又有助于构建亲密和谐的亲子关系。

有关亲子游戏的图书，**还可以推荐**：《中国儿童游戏方程：3—6岁亲子益智游戏》，区慕洁 / 著，中国妇女出版社。

《婴儿辅食制作大全》

（日）上田玲子 / 著，孙越 / 译，河北科学技术出版

《美感是最好的家教》

（日）山本美芽 / 著，詹慕如 / 译，中国人民大学出版社

在儿童教育领域，美育越来越受到人们的重视，如何欣赏美？如何感受美？本书的作者山本美芽是日本知名美育教育家。她通过走访数百位音乐家、教育家，结合自己的育儿经验，为父母提供培养孩子美感的实用方法。作者认为，生活中的点点滴滴，都可以塑造孩子的美感。本书希望通过润物细无声的方式，培养孩子对美的认识。

《朗读手册：大声为孩子读书吧》

（美）吉姆·崔利斯 / 著，沙永玲等 / 译，南海出版公司

这是亲子阅读指导的经典之作，也是一部畅销书，自 1979 年初版后，多次修订，并且被译介到很多国家。它通过众多研究案例，深入浅出地讲述了为孩子读书的重要性、方法、可能遇到的问题和解决办法等。作者收集了很多真实的故事，向我们展示了坚持亲子阅读的神奇作用。更重要的是，这本书不仅告诉你为什么要给孩子读书，怎么去做，还带给你很多启发。

《幸福的种子：亲子共读图画书》

（日）松居直 / 著，刘涤昭 / 译，二十一世纪出版社

这是被誉为"日本图画书之父"的松居直的代表作。他认为，图画书对幼儿没有任何"用途"，不是拿来学习东西的，而是用来感受快乐的。他结合自身经历以及从事图画书编辑出版工作的深刻体会，讲述了图画书在儿童成长中的重要作用，澄清了很多对图画书的误解，并列举了许多生动案例，帮助父母为孩子挑选优秀的图画书，开展亲子阅读。作者还在书中不断强调通过父母和孩子共读图画书建立亲密关系。

《不能错过的亲子阅读：0—4 岁》

胡春波、邓咏秋、陆幸幸 / 主编，国家图书馆出版社

本书是为婴幼儿父母量身定做的亲子阅读指南。开篇先讲亲子阅读的基本问题以及常见的误区，然后按婴幼儿不同年龄，分 0—1 岁、1—2 岁、2—3 岁、3—4 岁等多个阶段，并结合不同阶段的发育特点，为父母提供本阶段亲子阅读的指导意见。接下来，又从不同角度、分多个专题详细讲述如何为孩子挑选合适的图书，亲子阅读的技巧和方法等。书后还附亲子阅读推荐书目等。

《骑鲸之旅》

粲然 / 著，译林出版社

共两册，包含《骑鲸之旅：0—2 岁亲子共读不可不知的神奇魔法》和《骑鲸之旅：2—3 岁亲子共读不可不知的演读、涂鸦和手工》。这是粲然的亲子阅读笔记，读起来亲切生动。书中有作者对各种绘本的解读、孩子真实的反馈，以及她自己在亲子阅读中踩过的坑。作者还针对 2—3 岁幼儿的身心发展特点，把共读和涂鸦、手工有机地结合起来，指导性和可操作性很强，家长可参照学习。这两本书是实战版的《幸福的种子》。

附录 3
主题书目索引

在正文各章中，我们为家长推荐了很多小的主题书目，比如与宝宝吃饭有关的书、有关入园适应的书等。为了便于家长随时查阅所需的书目，我们编制了本索引，每个书目后对应的是在本书中的页码。

附录 4
本书主要作者简介

邓咏秋　北京大学图书馆学博士。国家图书馆出版社副编审，中国图书馆学会推荐书目专业委员会副主任，《亲子阅读——送给 0—12 岁孩子的父母》一书副主编。两个孩子的妈妈，热心亲子阅读推广工作。

殷宏淼　上海师范大学发展与教育心理学硕士。2014 年毕业后进入国家图书馆少年儿童馆工作，成为一名故事姐姐，主要负责"低幼悦读会"，并参与研制《无字图画书导读书目》《原创 100——中国原创图画书核心书目》等少儿书目。

吴洪珺　北京师范大学心理学院发展与教育心理学硕士。首都图书馆馆员，负责馆内少儿阅读活动的组织和开展。育有一子四岁半，每天给儿子讲故事，在亲子阅读中和孩子共同成长。

陈小凡　中国人民大学英语语言文学硕士。自 2012 年起，在国家图书馆少年儿童馆工作，从事阅读推广工作，是少儿馆的故事姐姐。家有两岁小女一枚，热爱阅读，热爱生活。

宋　辰　北京理工大学外国语言学及应用语言学专业硕士。国家图书馆馆员。家有两岁萌娃一枚，热衷亲子阅读，在与儿子的共读中享受快乐，学习知识，共同成长。

姬炤华　画家、绘本作家。1995年开始教授儿童美术，从事童书插画工作已有 20 年，是《天啊！错啦！》等绘本的图画作者。热心艺术推广工作，面向家长等做过数百场有关艺术欣赏和绘本阅读的讲座。

杜桂玲　北京大学图书馆学硕士。上海悠贝亲子图书馆分馆馆长，《悦读宝贝——0—3 岁亲子阅读手册》一书执行主编，国家二级心理咨询师。两个孩子的妈妈，有七年亲子阅读经历。

丰　楠　中国青年政治学院思想政治教育专业毕业。国家图书馆少年儿童馆馆员，参与低幼故事讲读和少儿书目研制等工作。陪伴儿子童童在两年多的亲子共读中，收获了愉悦的亲子关系和美妙的阅读体验。

臧成娟　江苏省宿迁市泗洪县民间儿童阅读推广机构毛毛虫读吧创办人、美丽花故事妈妈义工团成员，多年从事幼儿教育、小学语文教学工作。现在专门致力于儿童阅读推广工作，已组织孩子故事会上百场。